작사와 썸타기!
**그니까
작사가 뭐냐면**

〈일러두기〉
1. 인용한 노래에서 맞춤법에 어긋난 표현이 있을 수 있습니다.
2. 인용한 노래에서 이 책의 맞춤법 규정과 통일되지 않는 부분이 있음을 밝힙니다.
3. 노래 제목과 가사, 가수명은 멜론 사이트를 기준으로 표기했습니다.
4. 저자의 문체를 살리고자 신조어(썸타다, 삼귀다 등), 일부 구어체 표현(꿀템, 니가 등)을
   사용했음을 밝힙니다.

작사 1타강사의 찐 커리큘럼

작사와 썸타기!

그니까
작사가 뭐냐면

안영주지음

더 디퍼런스

'작사가'라는 지도를
마음속에 품은 사람들에게

누구나 마음속에 지도 하나쯤 품고 산다. 내가 걷고 싶은 '어떤 길' 이 놓인 지도 말이다. 현실적으로 그 길을 걸을 수 있는지 없는지 여부와 상관없이 막연히 걷고 싶은 마음이 드는 길이 있다. 작사가 가 내겐 그런 길이었다. 갑자기 작사를 시작한다는 게 좀 뜬구름 잡는 이야기라고, 특별한 사람들만 할 수 있는 일이라고 미루어 짐 작해 버린 시간이 내게도 있었다. 작사라는 지도를 오랫동안 가만 히 바라만 보다가 몇 년 전 어느 날, 드디어 지도 속으로 직접 걸어 들어가 보기로 결정했다. 그때 내가 했던 첫 행동은 고작 동네 문 방구에 가서 스프링노트와 연필 몇 자루를 사는 일이었다.

　마음에 와 닿은 가사를 노트에 적고 또 적고, 소리 없이 눈으로 읽어 보는 것, 그것이 소소하지만 작사라는 지도로 직접 걸어 들어가 점을 찍고 선을 그려 가는 나만의 방식이었다. 내가 그리고자 하는 지도는 거대한 세계지도가 아니다. 값비싼 금과 다이아몬드를 숨겨 둔 보물지도도 아니다. 그저 나만 알아볼 수 있으면, 나만 찾아갈 수 있으면 그만인 비밀 정원 안내도 같은 작은 지도다.

　지도를 바라보는 것만으로도 행복한 사람이 있는가 하면 나처럼 지도 속으로 뛰어들어 뭔가를 그려 나가고 싶은 사람도 어딘가에 분명히 있을 것이다. 지도를 그려 가는 일은 생각처럼 낭만적이거나 여유롭지는 않다. 하루 종일 걸어도 사람 하나, 풀 한 포기 만날 수 없는 모래사막만 이어지는 날도 있고, 갑작스런 홍수로 손에 쥔 모든 것이 휩쓸려 버리는 순간도 있다. 물론 가끔은 생각지도 못한 곳에서 따스한 봄볕과 오아시스를 만나는 행운도 있다. 하지만 중요한 것은, 어떤 순간을 만날지라도 그것으로 울게 되든지, 웃게 되든지, 전진하게 되든지, 후진하게 되든지 걷는 것을 멈추지 않는다면 오늘도 나는 지도에 작은 점을 찍고 가느다란 선을 덧그려 가는 중이라는 사실이다. 그것만으로도 충분히 의미 있다고 생각한다면 과감히 지도 속으로 뛰어들어도 좋다.

　출판사 관계자에게 처음 이 책을 의뢰받았을 때 솔직히 아직 자격이 안 된다는 생각에 거절부터 했다. 이미 너무 훌륭하고 유명한 선배 작사가들의 책도 있는데 나 같은 사람이 뭐라고 작사법에 관한 책을 쓰나 민망해서였다. 하지만 전화를 끊고 나서 곰곰이 나의 처음을 생각해 보았다. 그 막막했던 처음에 내가 절실히 알고자 했던 것은 내로라하는 작사가들보단 이제 갓 데뷔한 혹은 데뷔한 지 얼마 되지 않은 선배들의 이야기였다. 이미 성공하고 유명한 분들은 내겐 너무 연예인 같아서 작사를 더 멀게 느껴지게 했다. 오히려 이제 막 시작한 선배들이 어떻게 공부했는지, 어떻게 데뷔했는지, 현재 어떤 경로로 활동하고 있는지가 더 알고 싶었다. 하지만 안타깝게도 그런 선배들을 만날 기회는 거의 없었다. 다시 이 책을 쓰겠다고 마음먹게 된 이유이기도 하다. 어쩌면 내가 작사가를 꿈꾸는 사람들에게 '예전에 내가 만나고 싶었던 그런 선배가 되어 줄 수 있겠구나'라는 생각 때문이다. 마치 대학에 1, 2년 먼저 붙은 선배가 고3 학생들에게 '난 이렇게 공부했고 이런 방법으로 대학에 합격했어'라는 노하우를 전수하는 마음으로 이 책을 썼다. 수험생이라면 좋은 대학을 졸업해 이미 큰 성공을 거둔 사람보다는 최근에 그 대학에 붙은 사람을 궁금해 하지 않을까 싶어서 그동안 공부했던 나름의 작사법을 알기 쉽게 하나하나 정리해 보았다. 책에 적힌 나의 작사법이 유일한 정답이라고, 완벽한 방법이라고 절대 말할 수 없다. 다만 한 가지 바라는 점은 이 책이 작사라는 길을 걸으며 자신만의 지도를 만들어 나가고 싶은 사람들에게 또 하나의 조그마한 좌표가 됐으면 하는 것이다.

<Special Thanks To>

작사가로서 성장할 수 있게 늘 든든한 울타리가 되어 주시는

친정 같은 우리 팀 MUMW, JQ 대표님과

유아영 부대표님 외 동료 강사님들

늘 열심히 따라와 주는 MUMW 학생들

아이돌 제자 1호 케플러 시로

아이돌 대표 영어쌤 티파니

이 책으로 인해 인연이 된 명품 보컬 정인

모두 모두 감사 드립니다.

엄마 열심히 일하라고 착하게 자라 준 채민, 찬민, 한스

완전 사랑해.

한결같은 친구들 OZ, Ana, 영수, 보은이도 고맙다.

CONTENTS

Part 3 작사 좀 더 디테일하게

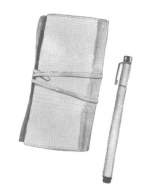

Part 4 ## 가사 다듬어 보기

Part 5 ## 팝송 개사하기

Part 6   트로트 작사하기

Part 7   작사가로 산다는 것

Part 1

그니까
작사가 뭐냐면

작사는
멜로디 코디

작사의 사전적 의미는 '노랫말을 지음'이다. 이것이 기본적인 작사의 정의이다. 하지만 조금 더 피부에 와 닿게 설명하자면 멜로디가 어떤 인격을 가진 캐릭터라면, 작사는 그 캐릭터에 어울리는 옷을 입혀 주는 것이라고 생각한다. 즉, 작사가는 '멜로디 코디네이터'이다.

사람도 옷을 어떻게 매치했는지에 따라 인상이 확 달라 보이듯 같은 멜로디도 어떤 단어가 어느 부분에 가서 어떤 방식으로 입혀지는지에 따라 완전히 새로운 분위기의 곡이 된다. 코디네이터가 자신의 연예인에게 가장 최고의 조합으로 옷을 입히려 늘 연구하고 발품을 팔 듯 작사가도 마찬가지다. 단어 하나, 조사 하나라도 최대한 멜로디와 잘 어울리고 곡을 빛낼 수 있는 조합을 찾아내는 수고를 마다하지 않는다.

패션 전문가들이 핑크 옷을 코디할 때 흔히 '하늘 아래 같은 핑크는 없다'라는 말을 쓰곤 한다. 옷에 별 관심 없는 사람들 눈에는 핑크가 다 거기서 거기겠지만 그들은 마젠타 핑크, 라일락 핑크, 페일 핑크, 스위트 핑크 등 색감의 미세한 차이를 세분화해 사용한다. 작사가도 마찬가지다. 남들 눈엔 비슷해 보이는 단어의 조각들을 생각의 서랍 속에 차곡차곡 쌓아 두었다가 이 단어를 꺼내 이 리듬에 입혔다 다시 벗겼다 또 다른 단어로 바꿔 입혔다가, 아예 다른 리듬에 입혀 보기도 한다. 다소 예민하고 피곤할 수 있는 작업이지만 애정 어린 시선으로 내게 와 준 멜로디에 최대한 멋지고 조화로운 언어를 입혀 세상에 내보내려 기꺼이 애쓰는 일, 이것이 작사이다.

멜로디의
감정 풀어내기

작곡가의 손질을 마친 새로운 멜로디를 일주일에 서너 곡 정도 만나는 편이다. 가사가 붙기 전의 멜로디를 '데모'라고 한다. 파일명에 가수 누구의 곡 혹은 일련번호가 붙어 오기도 하는데 작곡가가 곡에 이름을 붙여 보내는 경우도 꽤 많다. 그 이름을 살리거나 버리는 건 대개 작사가의 선택에 달려 있다. 작사가마다 각각 다른 선택을 하겠지만 필자의 경우는 최대한 살리거나 반영하려는 편이다. 왜냐하면 그 이름에 멜로디를 만든 작곡가의 감정이 어느 정도 녹아들어 있기 때문이다. 곡이 가지고 있는 감정은 단순히 '행복하다, 불행하다, 기쁘다, 슬프다' 이런 뻔한 단어들로 정의하기 아까울 만큼 복잡하고 세밀하며 세련된 경우가 많다. 그런 고퀄리티 멜로디를 운 좋게 만나면 마치 보석 세공사가 된 것처럼 손끝이 짜릿해진다. 멜로디가 품고 있는 원석 같은 감정을 질 좋은 단어들로 아름답게 세공해 내고 싶은 욕심 때문이다. 한마디로 규정하기 힘든, 흔히 말하는 느낌적 느낌의 미묘한 감정들을 손에 잡힐 듯 또는 눈에 그려지는 듯한 묘사의 언어로 풀어내는 것이 작사가의 몫이다.

피아노를 칠 줄 알아야 작사도 가능?

엄마가 서울에서 10년 넘게 피아노 학원을 운영했기 때문에 환경적으로는 당연히 피아노를 전공하고도 남았을 법하지만 아쉽게도 필자는 피아노를 잘 치지 못한다. 남의 자식한테는 관대해도 자기 자식한테는 엄할 수밖에 없는 것이 엄마의 숙명인지라 건반을 잘못 짚는 실수라도 하면 손등을 맞아야 했기에 피아노 레슨을 요리조리 피해 다녔다. 남의 자식은 콩쿠르에 나가서 상도 잘 받던데 지금 생각해 보면 엄마 속이 부글부글 끓었을 것 같다.

'서당개 3년이면 풍월을 읊는다'고 그래도 학교 수행평가를 대강 치를 만큼은 피아노를 칠 줄 안다. 피아노 실력이 변변치 못함에도 불구하고 가사를 쓰는 데 불편함은 전혀 없다. 물론 가끔 템포가 빠른 곡이나 랩을 만날 때는 귀가 리듬을 못 쫓아가서 몇 번씩 같은 구간을 반복해 들어야 하는 수고를 면치 못하지만 그건 피아노 실력 때문만은 아닌 듯하다. 그냥 너무 빨라서 한 번에 다 캐치를 못하는 것뿐이다. 피아노를 못 치는데 작사를 할 수 있냐는 질문을 종종 받는데 그 질문에 대한 나의 대답은 이렇다. 잘 치면 물론 도움이 되겠지만 잘 못 쳐도 괜찮다!

작사가 먼저일까, 작곡이 먼저일까?

이것 또한 완벽히 맞는 정답은 없다. 경우에 따라서 가사가 먼저일 수도 있고, 곡이 먼저일 수도 있다. 어떤 작사가가 친한 작곡가에게 가사를 주며 '내가 이런 가사를 썼으니 곡을 한번 붙여 봐' 해서 나온 노래도 있다고 들었지만 이런 경우는 흔치 않다. 친구끼리 재미로 만드는 곡이나 동아리에서 공동 작업을 통해 만들어지는 곡들은 환경에 따라 무수히 많은 작업 방식이 있다. 하지만 적어도 음악 시장에 나오는 곡들은 대부분 작곡가가 곡을 만들어 작사가에게 작업 의뢰를 하고, 그 후 가사를 붙여 완성하는 시스템이다. 물론 작곡가 본인이 직접 쓰거나 가수가 쓰는 경우도 많다.

시랑 가사랑
뭐가 달라?

시의 사전적 의미는 '문학의 한 장르로 자연이나 인생에 대해 일어
나는 감흥과 사상 따위를 함축적이고 운율적인 언어로 표현한 글'
이다(네이버 백과사전에서 발췌). 정의로만 보면 얼핏 시나 가사나 그
다지 큰 차이가 없어 보인다. 특히 함축적이고 운율적이란 특징 때
문에 좀 더 헷갈리게 느껴질 수도 있다. 하지만 가사는 철저히 멜
로디를 위해 존재한다. 즉, 멜로디가 없으면 가사도 없다. 물론 가
사 자체의 텍스트로 놓고 봐도 훌륭한 작품이 많다. 시처럼 감동적
이고 깊이 있는 가사도 무수히 많다. 하지만 그런 가사도 애초에
멜로디를 위해 탄생한 것이므로 시가 아닌 가사인 것이다. 이것이
시와 가사의 분명한 차이점이다.

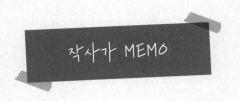

이 곡은 10분 만에 썼어요

작사가나 작곡가 들이 방송에서 히트곡에 대한 무용담을 이야기할 때 '이 곡은 10분 만에 썼어요'라고 말하곤 하는데 정말 그럴 때가 있다. 절대 거짓말이 아니다. 정말 어쩌다 한 번씩 파일로 곡을 받고 처음 들었을 때부터 제목이 딱 떠오르고, 신들린 듯 가사가 줄줄 써지는 날이 있다. 작사가들은 그럴 때 '가사요정이 내렸다'고 우스갯소리를 한다. 다만 그 가사요정이 언제 내게 올지 기약이 없기 때문에 좋은 가사를 쓸 수 있게 끝없이 연습할 수밖에 없다. 어쩌면 가사요정 또한 꾸준한 노력 끝에 만나는 고마운 행운일지도 모르겠다.

"가사요정이여, 오늘 밤 내게 내려 주소서."

Part 2

작사 간 보기
: 일단 한번 써 봐

①

가사를 해부하자

DAY. 01

가사의 구조

가사의 구성 용어를 아래 예시를 통해 살펴보자. 글이 기승전결이라는 구조를 가지고 있듯이 가사도 벌스, 프리코러스, 코러스, 브릿지 등의 구조로 나눌 수 있다. (요즘엔 랩이 구성 사이사이에 따로 추가되는 경우가 있다.) 가사의 구조는 멜로디의 구조와 흐름을 같이 하는 특성이 있다. 멜로디의 구조에 맞게 가사를 쓰려면 우선 가사의 구조를 파악하고, 각각의 파트가 맡고 있는 역할을 숙지하는 것이 좋다.

다음 숀의 〈36.5〉를 예시로 살펴보면 가사의 구조는 벌스, 프리코러스, 브릿지, 코러스로 나눌 수 있다.

36.5

노래: 숀
작사: JQ, 안영주

verse1)
너의 체온 닮은
이 계절을 좋아해
네 숨결 같은
바람이 부니까
꼭 쥔 아이스라떼, 투명한 얼음
입안에 녹아드는 설레임들

pre-chorus)
이렇게 눈부신 여름이 와
심장 소리에 리듬을 타
너의 뜨거운 품에 안긴 듯
Always
(Always Always)
더 멀리 여행은 필요 없어
너와 두 손을 잡은 순간
우리 발끝에서 펼쳐진 Ocean

chorus)
Baby, Don`t let go
너무 완벽한 이 순간
두 손에 땀이 차도 널 놓기 싫어 Oh
Baby, Don`t let go
365일 동안
우리 둘만의 끝이 없을 이 여름

verse2)
오후 두시 같은
네 뜨거운 눈빛에
조심스럽던
망설임은 사라져
하얀 모래사장 위에 너와 나

일렁인 맘과 마음 사이로

pre-chorus)
저 푸른 파도가 밀려오고
그 속에 한없이 빠져들어
지켰던 선은 모래처럼 다 지워져
No way, No way
네게 한발 더 다가가서
우리 두 눈을 마주치면
언제 어디서든
Summer paradise

chorus)
반복

bridge)
유난히 빛난
여름 밤 별빛들처럼
내 맘이 네게 쏟아지네
나의 모든 밤들이
열대야처럼 흐르네
내 품에 네가 있어

chorus)
Baby, Don`t let go
해가 저무는 밤에도
이 열기가 식지 않게 날 안아줘 Oh
Baby, Don`t let go
지금 모든 게 충분해
서로 어깨를 감싼 너와 나
나란히 걷는 너와 나
곁에 있어줄 너 하나면 돼

벌스(verse): 가사에 기승전결이 있다면 벌스는 '기'에 해당하는 부분이다. 가사의 전반적인 분위기와 노래 내용을 소개 또는 설명하는 역할을 한다. 특히 이 노래는 제목이 특이한 만큼 제목의 이유를 벌스 부분에서 설명하고 넘어가야 곡이 끝까지 매끄럽게 들릴 것 같아 첫 문장부터 '너의 체온 닮은/이 계절을 좋아해'를 배치해 궁금증을 풀어 주고자 했다. 보통 벌스에는 눈에 그려질 듯한 묘사로 곡의 배경을 제시하는 것이 좋은 방법이라고 말한다.

프리코러스(pre-chorus): 기승전결에서 '승, 전'쯤에 해당하는 부분이 프리코러스다. 벌스와 코러스의 중간 다리 역할을 하는 부분으로 벌스보다 좀 더 깊게 들어가 감정을 풀어내고, 가사의 서사에 중심을 잡고 연결점이 돼야 한다.

코러스(chorus): 서사에 있어 '결'에 해당하는 부분으로 결론을 맺는 부분이다. 벌스와 프리코러스에서 펼쳐 놓은 이야기를 코러스에서 정리해 주어야 한다. 사람들이 소위 '귀에 확 꽂힌다'라고 말하는 부분이 거의 코러스인 경우가 많다. 코러스는 가사도 중요하지만 무엇보다 귀에 잘 들리게 써야 한다. 이 곡에서 가장 잘 들리는 부분은 'Baby, Don't let go/너무 완벽한 이 순간'이다. 이 가사는 숀의 가이드에 녹음된 것을 그대로 살렸다. 멜로디와 'Baby, Don't let go' 가사가 입에 잘 붙어 이 부분을 살리고 코러스의 전반적인 내용도 자연스럽게 거기에 맞춰 작업했다.

브릿지(bridge): 브릿지는 편지의 '추신'같이 덧붙이는 부분이다. 브릿지가 없어도 가사가 흐트러지지 않지만 적절히 사용하면 내용을 더 풍성하게 만드는 장점이 있다. 이 곡도 처음에는 브릿지 파트가 없었는데 1차 가사가 나온 후 추가로 만들었다. 브릿지가 없을 때보다 확실히 곡의 전반적인 느낌이 더 아름다워졌다.

친절하게 구성을 미리 구분해 곡을 의뢰하는 경우도 있지만 아닌 경우도 꽤 많다. 그럴 땐 작사가가 데모만 듣고 알아서 구성을 구분해 가사를 써야 한다. 그러므로 평소에 노래를 들으면서 자연스럽게 구성을 나눠 보는 연습을 하면 좋다. 앞의 예시처럼 곡의 구성대로 가사를 나눠 보고 분석하는 연습을 해 보자.

DAY. 02

가사 분석의
이유

어떤 노래를 처음 접했을 때 '이 가사 참 좋다'라고 느끼는 이유에는 분명 개인차가 있고, 기준도 모두 다르다. 즉, 좋은 가사의 정답은 없다. 하지만 내가 쓴 가사가 누군가에게 채택되고, 긍정적 평가를 받는다는 건 다른 가사에는 없는 장점을 가지고 있기 때문일 것이다. 우리가 접하는 수많은 곡의 가사들은 생각보다 꽤 높은 경쟁 시스템을 뚫고 세상에 나오게 된다. 가끔 가사를 쓸 때 유명한 누구누구와 경쟁하게 될 것을 생각하면 한 글자를 채 쓰기 전부터 주눅 들 때가 있다. 그때 정처 없이 흔들리는 정신 줄을 부여잡아 주는 것은 평소 쌓아 온 연습량뿐이다. 그러므로 틈나는 대로 잘 써진 가사를 찾아 분석해 보는 훈련은 매우 중요한 공부 방법이다. 완성도 높은 가사를 찾고 분석하는 연습은 확실히 좋은 가사를 쓰는 데 큰 도움이 된다.

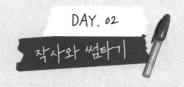

DAY. 02
작사와 썸타기

좋다고 생각하는 가사의 노래 제목 세 가지를 찾아보자.

DAY. 03

가사 분석
요령

세상에는 밤을 새서 읊어도 모자랄 만큼 많은 훌륭한 가사가 있지만 이 책에서는 필자가 작업에 참여한 숀의 〈36.5〉를 예시로 가사를 분석하는 연습을 해 보겠다(24쪽 가사를 참고한다).

①제목: 필자는 제목이 반이라고 생각한다. 이 곡을 처음 의뢰받았을 때 숀이 직접 붙인 가이드의 제목은 Latin이었고, 여름 노래를 만들고 싶다는 메모가 적혀 있었다. 필자 나름의 분석으로는 아티스트 이미지가 강했던 숀이 이 노래를 통해 대중성을 확보하고 싶은 의도가 아닐까 판단했다. 멜로디가 기존 곡들에 비해 꽤 대중적인 편인데 Latin을 그대로 살리면 대중적으로 풀어내기 조금 힘들겠다는 생각이 들었다. 그렇다고 뻔한 제목은 붙이기 싫었다. 그러던 중 우연히 '서울 여름 한낮 온도 36.5도'라는 기사의 헤드라인을 보게 됐고, 36.5를 사랑하는 사람의 체온과 연결시켜 보면 어

떨까 하는 아이디어가 떠올랐다. 36.5는 여름 노래의 제목으로는 낯설지만 일상에선 충분히 낯익은, 그래서 둘의 연결점이 뭘까 하고 궁금증을 자아내는 괜찮은 제목이라고 생각한다.

② 눈에 그려지는 듯한 묘사: 흔히들 말하는 좋은 가사는 딱 들었을 때 상황이 눈에 그려지는 곡이다. 벌스1부터 너의 숨결 같은 뜨거운 바람이 부는 여름 한낮 거리를 한 남자가 아이스라떼 속 얼음을 입으로 녹이며 걷고 있는 모습이 자연스레 연상된다.

> verse1)
> 너의 체온 닮은
> 이 계절을 좋아해
> 네 숨결 같은 바람이 부니까
> 꼭 쥔 아이스라떼, 투명한 얼음
> 입안에 녹아드는 설레임들

③ 표현: 보통 사랑 노래엔 둘이 함께 멀리 여행을 떠나자는 가사가 자주 등장한다. 그런데 여기에서는 네가 곁에 있기 때문에 너와 있는 곳은 어디든 파라다이스이므로 '더 멀리 여행은 필요 없어'라는 표현으로 신선함을 주고자 했다. 두 번째로 공략한 곳은 '두 손에 땀이 차도 널 놓기 싫어'이다. 그냥 '네가 좋아 죽겠어'라고 쓰면 가사가 재미없어진다. 날도 더운데 손을 꽉 쥐어 땀이 차도 놓기 싫을 만큼 좋은 거면 도대체 얼마나 많이 좋다는 뜻일까? 듣는 사

람에게 상상의 여지를 남겨 두는 표현이라고 생각한다.

　그밖에도 '오후 두 시 같은 네 뜨거운 눈빛에'라든지 '지켰던 선은 모래처럼 다 지워져', '여름밤 별빛들처럼 내 마음이 네게 쏟아지네' 이런 표현들은 다른 가사에서 흔히 만날 수 없는 표현이라 새롭게 다가왔을 거라 생각된다.

> chorus)
> Baby, Don't let go
> 너무 완벽한 이 순간
> **두 손에 땀이 차도 널 놓기 싫어**
> Oh~ Baby, Don't let go
> 365일 동안 우리 둘만의 끝이 없을 이 여름

　④ 라임: 이 가사는 멜로디의 특성상 라임을 칼같이 맞춰 썼다고 볼 수는 없지만 그래도 최대한 맞추려고 노력했다. 그냥 텍스트로 봤을 때보다 들었을 때 뭔가 규칙적이고 정리된 느낌이 드는 이유는 라임이 어느 정도 맞춰져 있기 때문이다. '여름이 와'와 '리듬을 타', '쏟아지네'와 '흐르네'는 각각 '아'와 '에'의 모음 라임을 맞춰 정리했다. 같은 멜로디가 계속 반복되는 '서로 어깨를 감싼 너와 나', '나란히 걷는 너와 나', '곁에 있어줄 너 하나' 이 부분도 마찬가지다.

chorus)
Baby, Don`t let go
해가 저무는 밤에도
이 열기가 식지 않게 날 안아줘 Oh
Baby, Don`t let go
지금 모든 게 충분해
서로 어깨를 감싼 너와 나
나란히 걷는 너와 나
곁에 있어줄 너 하나면 돼

분석한 내용을 숙지하고 가사를 다시 한번 들어 보자. 확실히 전에는 보이지 않던 부분이 보이고 가사를 보는 시야가 조금은 깊어졌을 거라고 생각한다. 각자 좋아하는 다른 가사들도 이렇게 분석해 보길 권한다. 가사를 쓰고 싶은 사람이라면 막연히 '이 가사 너무 좋아'를 넘어서 이 가사가 왜 좋은지 나름의 분석안을 제시할 수 있어야 한다.

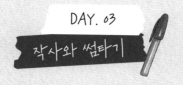

노래 가사 한 곡을 선정해 좋은 이유를 앞에서 본 것처럼 적어 보자.

2

필사는 필사적으로

DAY. 04

필사의
이유와 요령

필사의 사전적 의미는 '베끼어 씀'이다. 문학이나 성경을 공부하는 방법으로도 필사가 쓰이지만 가사를 공부할 때도 필사는 효과적이다. 필자도 시간이 날 때마다 내 기준에 완성도가 높다고 판단되는 가사들을 찾아서 필사한다. 좋은 노래의 가사를 필사하다 보면 어느새 그 가사를 쓴 작사가의 문체나 표현 방법들이 나도 모르게 내 감정에 스며든다. 그리고 멜로디와 단어를 매끄럽게 결합시키는 감각도 빨리 배울 수 있다. 특히 이 부분은 가사를 처음 쓰기 시작한 사람들이 가장 어려움을 느끼는 지점인데 본인이 직접 해 보지 않으면 설명만으로는 캐치하기 애매해 필사로 도움을 받을 수 있다. 그렇게 필사량이 쌓이다 보면 어떤 멜로디를 만났을 때 필사로 채득한 좋은 가사들과 내 안에 있는 감정, 단어들이 자연스레 결합해 내 색깔이 입혀진 완성도 있는 가사를 쓸 수 있게 되는 뿌듯함을 맛볼 수 있다.

필사에 정답이 있는 것은 아니지만 팁을 살짝 나눈다면

1. 일단 가사가 좋다고 판단되는 노래 중에 장르별로 최소 한 곡씩을
   선정한다. 이유는 장르의 편식을 막기 위해서다. 좋아하는 곡을
   고르라고 하면 장르가 한쪽으로 쏠릴 수 있다. 고르기가 막연하다면
   최신 음원 차트에 있는 곡 중 댄스 곡 하나와 발라드 곡 하나를 정한다.
2. 노래가 귀에 익을 때까지 두 번 정도 가사를 보지 않고 듣는다.
3. 가사를 보며 한 번 듣는다. 이때 눈으로 구조도 나눠 보고, 제목과
   가사의 연결점도 생각해 본다.
4. 노래를 끄고 가사 전체를 종이에 적는다. 특별히 좋은 표현이나 라임에
   밑줄을 긋는다.
5. 노래를 들으며 다시 전체 가사를 적는다.
6. 특별히 더 좋았던 표현이나 라임은 한 번 더 적는다.
7. 가사를 보지 않고 다시 노래를 듣는다.

이런 식으로 필사를 충실히 하려면 한 곡에 적어도 30분 이상은
소요된다. 가사를 잘 쓰고 싶은데 막연한 기분이 든다면 조금 더디
더라도 우선 필사부터 꾸준히 시도해 보자.

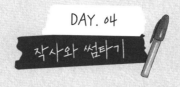

DAY. 04
작사와 썸타기

발라드와 댄스 곡 하나를 각각 정해서 앞에서 설명한 방법대로 필사해
보자.

3

가사를 바꿔 보자

DAY. 05

가사는 그대로 두고
제목만 바꾸기

필사는 어느 정도 익숙해졌는데 막상 가사를 쓰려니 막연하다면 노래 가사를 바꾸는 연습을 해 보자. 한국어 노래의 가사를 바꾸는 건 의미 없다고 생각하는 의견도 있겠지만 가사를 처음 쓰는 사람에게 부담을 덜어 주는 수단으로는 괜찮은 방법이다. 필자 또한 방송작가 시절 대본 때문에 한 작업이긴 하지만 한국어 가사를 바꾸는 것으로 작사를 처음 접했다. 세상에는 정말 좋은 노래가 많다. 하지만 국민가요처럼 많이 알려진 곡으로 개사하면 이미 그 가사가 뇌리에 박혀 있어 오히려 연습하는 데 방해가 된다.

필자가 작사에 참여한 숀의 〈To Be Loved〉를 예로 들어 설명해 보겠다. 원래 이 노래의 제목은 'To Be Loved'가 아니었다. 아주 오래전 과학 시간에 배운 '삼투압(농도가 다른 두 액체를 반투막으로 막아 놓았을 때 용액의 농도가 낮은 쪽에서 높은 쪽으로 이동할 때 생겨나

To Be Loved

노래: 숀
작사: JQ, 안영주

verse1)
이상하지
낯선데 익숙한 기분
너의 눈빛에
알 수가 없는
감정을 전해
이렇게 날
대책 없이 헝클어놔
정신없이 또
나를 너로 어지렵혀

chorus)
너를 보면 Baby
내가 보여 Baby
묘한 느낌 싫지 않아
점점 너에게 이렇게 물들어 가
To be one to be loved
모든 공간 속에
모든 시간 속에
짙게 더 번져만 가
밀어낼 수가 없을 것 같아

verse2)
너를 닮은

모든 순간들이 모여서
자연스럽게
내가 변해 가
네게 맞춰 가
요즘 문득 Yeah
새로운 날 발견하지

chorus)
너를 보면 Baby
내가 보여 Baby
너를 안고 입맞추면
점점 우리는 서로가 하나가 돼
To be one to be loved
모든 공간 속에
모든 시간 속에
짙게 더 번져만 가
밀어낼 수가 없을 것 같아

chorus2)
모든 생각 속에
모든 기억 속에
온통 널 물들여놔
밀어낼 수가 없을 것 같아

는 압력)'이란 용어였다. 'To Be Loved'는 숀의 가이드에 붙여진 제목이었다. 언젠가 삼투압이라는 제목으로 사랑에 관한 가사를 써 보고 싶었는데 숀의 아티스트적인 색깔이 진하게 배어 있는 이 가이드를 듣자마자 잘 어울릴 듯해 과감하게 시도했다. 서로 다른 두 사람이 만나 시간이라는 비커 안에서 온도차가 다른 감정이 조금씩 섞여 가며, 결국엔 하나의 사랑을 만들어 간다는 의미를 담고 싶었다. 비록 제목은 바뀌었지만 제목을 삼투압으로 바꿔도 말이 되는 가사다. 이 가사에 다른 제목을 붙일 수 있다면 어떤 것이 좋을지 고민해 보자.

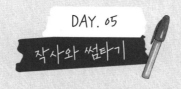

작사와 썸타기

노래를 정해 다른 제목 두 가지 정도를 더 생각해 보자.

예시) 삼투압, 사랑이 되어 가는

DAY. 06

제목은 그대로 두고
내용 괄호 넣기

작사가는 가사를 쓸 때 적어도 두세 가지의 표현을 두고 고민한다. 그중에서 제일 적절하다고 판단되는 것을 최종적으로 골라 완성한다. 본인이 작사가가 됐다고 생각하고, 기존 가사와는 다르지만 전체 가사와 조화를 이룰 수 있는 적절한 표현을 생각해 괄호를 채워 넣어 보자.

To Be Loved

노래: 숀
작사: JQ, 안영주

verse1)
(   )
낯선데 익숙한 기분
너의 눈빛에
알 수가 없는
감정을 전해
이렇게 날
(   )
정신없이 또
(   )

chorus)
너를 보면 Baby
내가 보여 Baby
(   )
점점 너에게 이렇게 물들어가
To be one to be loved
(   )
(   )
짙게 더 번져만 가
밀어낼 수가 없을 것 같아

verse2)
(   )

(   )
자연스럽게
내가 변해가
네게 맞춰가
요즘 문득 Yeah
새로운 날 발견하지

chorus)
너를 보면 Baby
내가 보여 Baby
(   )
점점 우리는 서로가 하나가 돼
To be one to be loved
모든 공간 속에
모든 시간 속에
짙게 더 번져만 가
밀어낼 수가 없을 것 같아

chorus2)
(   )
(   )
온통 널 물들여놔
밀어낼 수가 없을 것 같아

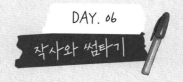

다른 한 곡을 정해서 괄호 넣기 연습을 해 보자.

DAY. 07

제목은 그대로 두고
내용 전체 바꾸기

괄호 넣기에 자신이 붙었다면 이제 'To Be Loved'라는 제목으로 직접 작사를 해 보자. 원가사와 느낌이 비슷해져도 연습이니 괜찮다.

팁을 나누자면 멜로디의 느낌이 몽환적이기 때문에 현실 가사보다는 시적인 느낌의 가사가 잘 어울린다. 하지만 재치 있는 현실 가사로 멜로디를 잘 살려 허를 찌를 자신이 있다면 모험적인 시도도 나쁘지 않다. 가사 의뢰를 받을 때 특별히 몽환적이거나 시적으로 써 달라는 디렉션은 없었지만 멜로디의 분위기에 맞게 주제를 잡고 이야기를 풀어 나가는 것은 어쩌면 당연하다. 필자는 이 가이드를 처음 들었을 때 '삼투압'이라는 단어가 가장 먼저 떠올라 거기에 맞게 풀어 나갔지만 누군가는 '물들어가' 또는 '스며들어'라는 단어를 떠올렸을 수도 있다. 그런 경우에는 다른 작사가들이 '물들어가' 또는 '스며들어'라는 단어를 가사 속에서 어떻게 활용했는지 음원 사이트에서 검색해 보고 참고하는 것도 좋은 방법이다.

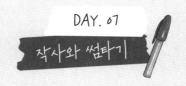

DAY. 07
작사와 썸타기

손의 가이드를 직접 의뢰받았다고 생각하고, 'To Be Loved'라는 제목으로
직접 작사를 해 보자.

Part 3

작사 좀 더
디테일하게

1

제목을 지어 보자

DAY. 08

제목이
왜 중요해?

누군가를 만났을 때 첫인상만으로 호불호를 판단하는 데 걸리는 시간은 딱 3초라고 한다. 그 사람의 성격, 학벌, 재력, 취향과 전혀 상관없이 외모에서 풍기는 분위기나 느낌만으로 가혹한 결정이 내려져 버리는 것이다.

노래도 마찬가지다. 노래에선 제목이 첫인상이라고 할 수 있다. 매일 수없이 많은 노래들이 음악 시장과 각종 차트에 쏟아진다. 그 곡들을 일일이 챙겨 듣고 기억하기는 현실적으로 불가능하다. 엄청난 팬덤을 가지고 있는 가수의 곡이라면 그런 걱정을 덜할 수 있겠지만, 그렇지 못한 다수의 곡들은 주목받지 못하고 묻혀 버리는 경우도 많다.

그럴 때 빛을 발할 수 있는 것이 제목이다. 제목은 노래의 첫인상을 짧은 순간에 판가름 낸다. 가수나 장르에 상관없이 제목이 재미있거나 특이하고, 감성을 건드리는 곡들은 리스너들의 선택을 받을 가능성이 그만큼 높아진다. 실제로 차트를 보면 가수는 유명하지 않은데 제목이 좋아서(물론 들어 보면 가사도 좋고 전체적인 노래도 좋다) 순위권에 있어 보이는 곡들이 종종 눈에 띈다.

꼭 음악 시장을 염두하지 않고 만든 곡도 마찬가지다. 누군가에게 선물하기 위해 만든 곡이든, 취미로 하는 밴드를 꾸려 나가기 위한 곡이든 공들여 만든 내 노래에 더할 나위 없는 제목이 붙여진다면 뭔가 첫 단추부터 잘 꿰어진 듯한 뿌듯함으로 시작할 수 있을 것이다.

DAY. 09

좋은 제목이
뭘까?

필자의 집에서 도보 가능한 거리에 자주 가는 동네 빵집 세 곳이 있다. 세 군데 모두 단팥빵을 판매한다. 레시피도, 맛도, 크기도 비슷하다. 가격도 대충 비슷한 세 빵집에서 딱 하나 다른 것이 있는데 바로 단팥빵의 이름이다. 어떤 집은 그냥 '단팥빵', 어떤 집은 '우리 팥 단팥빵', 또 어떤 집은 '제주말차 생크림 단팥빵'이다. 필자는 셋 중에서 '제주말차 생크림 단팥빵'을 자주 사 먹는다. 이름 때문에 그런지 뭔가 더 고급스럽고 부드럽게 느껴진다. '제주말차'라는 단어가 주는 연둣빛 색감, '크림'이라는 단어가 주는 부드러운 촉감 등 단팥빵의 이름을 구성하고 있는 단어의 질감들이 알게 모르게 식감에도 긍정적인 영향을 미쳤으리라 생각한다.

　이것이 제목의 힘이다. 종류가 비슷한 빵도 이름에 따라 식감마저 다르게 느껴지듯, 잘 지은 제목은 같은 곡도 더 좋게 들리게 하는 효과가 있다. 곡을 듣고 싶게 만들고, 호기심을 자극하며, 노래에 특유의 존재감을 심어 주는 것이 좋은 제목의 요건이다. 예를 들면 사랑에 관해 뭔가 할 말이 있는 노래라면 그냥 '사랑'이라고 제목을 짓는 것보단 〈사랑의 한가운데〉(안녕의 온도)라든지 , 〈사랑 그 쓸쓸함에 대하여〉(양희은) 또는 〈사랑에 관한 충고〉(이승환)라고 하는 편이 훨씬 더 구체적이고 감성적이라 매력 있게 들린다.

  제목이 너무 평범하거나 재미없으면 듣기 전부터 힘이 빠지는 기분이 들 때가 있다. 무릎을 '탁' 치게 만드는 제목, 가사 내용과 절묘하게 맞아떨어져 가사를 돋보이게 하는 제목은 확실히 노래를 한 번이라도 더 듣고 싶게 하는 힘이 있다. 그냥 '단팥빵'보다는 '제주말차 생크림 단팥빵'의 맛이 왠지 더 궁금해지는 것처럼 말이다.

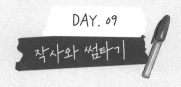

작사와 썸타기

내가 생각하는 좋은 제목의 노래를 찾아 적어 보자.

작사와 썸타기

DAY. 10

일상어
이용하기

우리가 대화 중에 흔히 쓰는 일상어를 제목으로 쓰면 친근함과 동시에 익숙했던 것이 새롭게 느껴지는 효과를 볼 수 있다. 친구와 수다떨듯 하는 말도 좋은 제목이 된다. 다만 그 뒤에 나올 가사의 서사 구조와 연결점이 있어야 한다. 다음의 곡들을 예로 들어 설명해 보겠다.

멜로디데이(feat. 정일훈 of 비투비) <바빠 보여요>
'너 요즘 바빠 보여' 정말 흔히 쓰는 말이다. 힘든 시대에서 살아남기 위해 매일 바삐 움직여야만 하는 청춘들의 하루에 위로를 건네고자 하는 가사의 의도를 '바빠 보여요'라는 한마디로 함축해서 표현했다.

소유, 유승우 <잠은 다 잤나봐요>

'오늘 밤 잠은 다 잤어' 밤새 할 일이 많거나 커피를 많이 마셨거나 유럽에서 축구 중계를 할 때 잠은 다 잤다는 표현을 쓰는데, 이를 사랑하는 사람을 생각하느라 두근거려 잠은 다 잤다라며 귀엽게 표현했다.

자이언티 <꺼내 먹어요>

'냉장고에서 치즈케이크 꺼내 먹어' 엄마에게 자주 듣는 말이다. 배고플 때 치즈케이크를 꺼내 먹듯 지치고 피곤할 때 이 노래를 초콜릿처럼 꺼내 먹으라며 로맨틱하고 위트 있게 표현했다.

김나영 <솔직하게 말해서 나>

이별 앞에서 애써 괜찮은 척했지만 솔직하게 말해서 괜찮지가 않은, 헤어지고 싶지 않은 여자의 진심을 담담하게 풀어낸 가사에 잘 어울리는 제목이다. 마지막을 앞둔 연인 사이의 대화에서 많이 쓰일 법한 '솔직하게 말해서 나'라는 말을 뚝 떼어 내어 제목을 지은 것이 센스 있게 느껴진다.

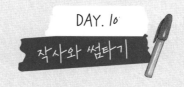

DAY. 10

작사와 썸타기

일상어를 이용한 제목과 담고 싶은 내용을 간단히 메모해 보자.

예시)
입에 붙었어 – 싸우기만 하면 헤어지자고 하는 여자 친구 이야기에 활용
못된 것만 배워 가지고 – 헤어진 그 사람의 습관을 따라 하는 나를 발견하는 내용의 가사
에서 활용

DAY. 11

유행어
이용하기

유행어를 적절히 잘 이용하면 대중의 주목을 끌기 쉽고, 트렌디해 보임과 동시에 친근해 보이는 효과를 줄 수 있다. 다만 남용하면 노래 자체의 퀄리티가 떨어져 보일 수 있으므로 신중하게 사용하는 것이 좋다. 아래의 곡들을 예로 들어 설명해 보겠다.

트와이스 <TT>

'TT'는 우울하거나 일이 마음대로 안 풀릴 때 흔히 쓰는 이모티콘이다. 사랑이 맘처럼 안 풀리는 소녀의 마음을 'TT'라는 제목으로 귀엽게 표현했다.

마마무 <넌is 뭔들>

'니가 뭔들 못하겠니, 니가 뭔들 안 어울리겠니'라는 당시 신종 유행어를 좋아하는 남자에게 극찬하는 내용을 담은 가사의 제목으로 적절히 매치했다.

아이콘 <취향저격>
'어떤 사람이나 물건이 자신의 취향에 꼭 맞춘 것처럼 매우 마음에 든다'라는 뜻으로 당시 크게 유행했던 말이다. 너의 머리부터 발끝까지 다 맘에 쏙 든다는 내용의 가사를 '취향저격'이라는 유행어로 잘 나타냈다.

영탁 <니가왜거기서나와>
남자 친구에게 집에서 잔다고 거짓말하고 다른 남자와 클럽에 갔다가 딱 걸려 버린 여자 친구의 사연을 가사로 재미있게 풀어낸 곡이다. 생각지도 못한 곳에서 누군가를 우연히 마주쳤을 때 '니가왜 거기서 나와'라는 말을 요즘 많이 쓰는데 이 상황에 딱 맞아떨어지는 제목이다.

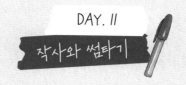

DAY. 11

작사와 썸타기

최신 유행어를 이용한 제목과 담고 싶은 내용을 간단히 메모해 보자.

예시)
꿀이야 – '너무 좋다, 좋은 점이 많다'라는 의미의 유행어를 '네가 너무 좋다'라는 표현으로
사용할 수 있는 제목

삼귀다 – 사(4)귀는 건 아니지만 사귀는 사이로 발전하고 있는 단계를 의미하는 신조어
로 썸타는 사이를 표현할 때 활용할 수 있는 제목

DAY. 12

숫자
이용하기

숫자를 이용한 제목은 호기심을 자극하기 가장 좋은 방법 중 하나이다. 전 남친 전화번호 끝 네 자리를 쓰거나 자동차 번호판, 생일도 재밌을 것 같다. 숫자가 쌩뚱맞을수록 가사가 더 궁금해진다.

숀 <36.5>

여름 시즌송으로 사람의 체온과 비슷한 한여름의 낮 기온을 36.5라는 숫자로 표현했다. 둘이 함께 있다면 계절에 상관없이 늘 여름같이 뜨거울 거라는 의미를 담았다.

크러쉬 <2411>

예전에 자주 탔던 버스 번호 2411을 통해서 그때의 나와 지나간 것들에 대한 그리움과 아쉬움을 담은 제목이다. 듣기 전부터 제목의 이유가 궁금해지게 만든다.

GOD <0%>

주변의 시선과 상황이 좋지 못한 커플의 끝이 보이는 사랑을 그린 곡으로 잘될 확률이 거의 없다는 의미로 숫자 0을 활용했다.

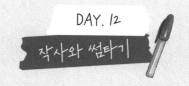

작사와 썸타기

숫자를 이용한 제목과 담고 싶은 내용을 간단히 메모해 보자.

예시)
2749 – 전 남자 친구의 전화번호 끝 네 자리, 지금은 헤어졌지만 현관문 비밀번호로 설정해둔 것을 아직 바꾸지 못해서 비번을 누르고 집으로 들어갈 때마다 문득 너의 기억 속으로 들어가 버리곤 한다는 내용의 가사 제목으로 활용될 수 있다.

351 – 1 – 아일랜드의 더블린이란 도시의 국제전화번호, 갑작스럽게 더블린으로 유학을 가서 롱디 커플이 된 연인의 이야기를 담은 가사의 제목으로 써도 재미있을 듯하다.

DAY. 13

장소
이용하기

가사에 구체성을 더하기에 효과적인 제목 짓기 방식이다. 시작부터 특정 장소를 설정해 놓으면 듣는 사람도 함께 그곳에 있다고 상상하며 더 실감 나게 감정이입을 할 수 있다. 아래의 곡들을 예로 들어 설명해 보겠다.

장범준 <노래방에서>
노래방에서 좋아하는 그녀의 환심을 사기 위해 애쓰는 과정을 디테일하게 묘사한다. 노래방에서 이렇게 애쓴 경험이 한 번씩은 있을 법한데 신선한 방식으로 표현한 가사에 힘을 실어 주는 제목이다.

노을 <늦은 밤 너의 집 앞 골목길에서>
이별 후 그녀의 집 앞 골목길을 늦은 밤 혼자 걸으며 떠오르는 가슴 아린 생각들을 가사에 담은 곡이다. 누구나 기억에 있을 법한 그녀 혹은 그의 집 앞 골목길이란 장소를 제목으로 이용해 공감을 불러일으키기에 효과적이다.

숀 <터미널>
떠나기 위해 머무는 공간이 터미널이다. 매번 떠나도 결국 다시 돌아올 수밖에 없는 어떤 사랑의 패턴을 터미널이라는 장소에 비유한 기발한 아이디어가 돋보이는 가사와 제목이다.

싹쓰리(유두래곤, 린다G, 비룡) <다시 여기 바닷가>
서로가 가장 빛났던 순간들, 잊고 지냈던 그리운 추억 속에 있는 그 바닷가에서 너와 함께 다시 그때의 기분을 느껴 보고 싶다는 내용의 노래이다. 신나면서도 한편으로는 아련한 느낌을 표현한 가사에 잘 어울리는 제목이다. 한여름에 나온 곡인 만큼 '바다'라는 장소를 이용해 시원해 보이는 효과를 주기에도 효과적이다.

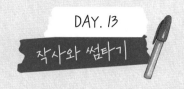

DAY. 13

작사와 썸타기

장소를 이용한 제목과 담고 싶은 내용을 간단히 메모해 보자.

예시)
혜화역 2번 출구 – 늘 혜화역 2번 출구에서 만났던 이별한 연인을 추억하는 스토리에 활용할 수 있는 제목

H5, H6 – 둘이서 즐겨 앉던 영화관 좌석 번호, 이별 후 그 자리에 혼자 앉아서 영화를 보고 있다는 내용으로 풀면 좋을 제목

.

DAY. 14

계절
이용하기

계절을 제목으로 이용하면 그 계절만이 가지고 있는 특유의 감성을 시작부터 드러낼 수 있다. 다만 그저 봄, 여름, 가을, 겨울이라고 제목을 짓기보단 좀 더 디테일하게 표현하면 효과를 극대화할 수 있다. 아래의 곡들을 예로 들어 설명해 보겠다.

김광석 <흐린 가을 하늘에 편지를 써>
세상에 있는 좋은 말들을 다 갖다 붙여 칭찬해도 모자랄 만큼 너무 완벽한 제목이다. 가을날의 이런저런 상념들을 표현한 가사를 돋보이게 하는 잘 지은 제목의 대표적인 예시다.

어반자카파 <코끝에 겨울>
제목만 봐도 코끝에 찬 바람이 스치는 것 같은 느낌이 든다. 겨울의 이별을 감성적으로 풀어낸 가사에 맞아떨어지는 더할 나위 없이 좋은 제목이다.

HIGH4(하이포), 아이유 <봄 사랑 벚꽃 말고>

매년 봄만 되면 쏟아져 나오는 비슷비슷한 느낌의 봄, 벚꽃 노래들과 제목부터 차별화된 노래이다. 실제 가사에서도 뻔한 봄노래 말고 다른 얘기가 듣고 싶다는 내용이 담겨 있다.

듀스 <여름 안에서>

여름 노래 하면 가장 먼저 떠오르는 명곡이다. 여름이라는 계절 속에서 더할 나위 없이 행복한 너와 나를 예쁘게 묘사한 가사를 시원하면서도 포근한 느낌으로 감싸 안는 제목이다. '안에서'라는 디테일한 표현이 신의 한 수였다고 생각한다.

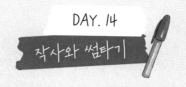

DAY. 14

작사와 썸타기

계절을 이용한 제목과 담고 싶은 내용을 간단히 메모해 보자.

예시)

가을과 겨울 사이의 너 – 가을에서 겨울로 넘어갈 때쯤 만난 옛 연인이 해마다 그 계절이 돌아올 때쯤이면 다시 보고 싶어진다는 가사의 제목으로 생각해 볼 수 있다.

너라는 낯선 계절 – 봄, 여름, 가을, 겨울과는 결이 완전히 다른 너라는 계절을 만나서 너의 온도에 맞춰 너의 시간에 머물러 있는 나, 새로운 만남이 낯설지만 설렌다는 감정을 표현한 가사에 어울릴 만한 제목이다.

DAY. 15

색깔
이용하기

하나의 감각이 동시에 다른 영역의 감각을 불러일으키면서 일어나는 심상을 '공감각적 심상'이라고 한다. 청각이 시각화되거나 시각이 촉각화되면서 상상력을 극대화시킬 수 있다. 실제 가사나 제목에서 공감각적 심상이 적절히 활용되면 표현이 훨씬 세련돼 보일 때가 있다. 색깔을 이용한 제목은 그 효과를 누릴 수 있는 최적의 방법이다. 아래의 곡들을 예로 들어 설명해 보겠다.

레드벨벳 <빨간맛>

색깔을 이용한 제목 중 단연 최고라고 생각한다. 시각인 '빨간'과 미각인 '맛'이 합쳐져 빨간 맛이 도대체 뭘까 호기심을 자극하는 동시에, 레드벨벳이라는 팀명의 '레드'와도 연결점이 있어 좋은 제목이다.

강수지 <보랏빛향기>

1990년에 발매한 오래된 곡이긴 하지만 시각인 '보랏빛'과 후각인 '향기'가 합쳐져 보랏빛 향기는 대체 어떤 향기일까 궁금하게 만드는 제목이다. 사랑하는 사람에게 보랏빛 향기가 어려 있다는 가사도 예쁘지만, 그 이미지가 당시 청순의 대명사였던 가수와도 조화가 잘되는 제목이다.

김민종 <하얀그리움>

역시 2001년에 발매한 오래된 곡이긴 하지만 그리움이란 감정을 하얀색이라고 표현한 재미있는 제목이다. 흰 눈이 내리는 겨울날에 사라져 버린 꿈처럼 내 곁을 떠난 어떤 사랑을 그리워하는 마음을 가사에 담은 곡이다.

태연 <Blue>

'Blue'는 슬픔을 상징하는 색이다. 이 곡에서는 너를 향해 번지는 그리움과 슬픔을 우아하고 세련되게 Blue라고 표현했다. Blue빛 물기가 어려 있는 섬세하고 아름다운 가사를 심플하게 나타낸 제목이다.

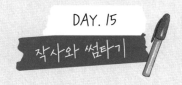

DAY. 15

작사와 썸타기

색깔을 이용한 제목과 담고 싶은 내용을 간단히 메모해 보자.

예시)

coral pink – 코럴 핑크 틴트를 바르고 첫 데이트에 나가는 스무 살 여자의 설레는 마음을 귀엽게 표현한 가사에 어울릴 만한 제목이다.

민트 빛 소다 – 여름의 푸른 바다를 민트 빛 소다라고 표현해 보면 어떨까? 부서지는 민트 빛 파도가 마치 탄산같이 내 마음을 톡 쏜다는 표현을 곁들여 여름 시즌송의 제목으로 재미있을 듯하다.

DAY. 16

과학 용어
이용하기

니가 왜 거기서 나와?

언뜻 보면 사랑 노래 가사와 과학은 연결점이 없는 듯 보이지만 과학적 원리나 우주의 법칙은 생각보다 가사에 자주 등장한다. 가사를 조금 주의 깊게 듣는 사람이라면 별, 달, 빅뱅, 블랙홀 같은 단어들을 심심치 않게 만났을 것이다. 전혀 상관없어 보이는 사랑과 과학이라는 두 개념 속에서 공통된 한 가지 원리를 찾아내는 기발함을 과학 용어를 사용한 제목에서 발견할 수 있다. 아래의 곡들을 예로 들어 설명해 보겠다.

러블리즈 <Destiny (나의 지구)>
달이 지구를 중심으로 공전하는 과학적 원리를 너를 맴도는 나로 비유해 섬세하게 표현한 가사의 제목이다. 달이 지구를 도는 게 태초부터 정해진 운명이듯 네 주위를 맴도는 것 또한 어쩔 수 없는 나의 운명이라는 내용이 잘 표현된 제목이다.

f(x) <Electric shock>

너무 좋아하는 사람을 만났을 때의 짜릿짜릿 찌릿찌릿한 기분을 전류가 흐르는 느낌이라고 표현한 재밌는 가사이다. 'Electric shock'은 가사에도 자주 등장하는데 멜로디와도 잘 어울린다.

태연 <Gravity>

중력은 알고 보면 가사의 단골 메뉴이다. 중력을 소재로 삼은 가사는 생각보다 꽤 많다. 그중에서도 태연의 〈Gravity〉는 대표적인 수작이라고 생각한다. 불안하고 위태로운 날 잡아 주는 너를 'Gravity'라고 표현했는데 가사도 제목도 훌륭하다.

넬 <지구가 태양을 네 번>

지구의 공전 주기는 365일, 즉 1년이다. 지구가 태양을 네 번 돌며 공전하는 오랜 시간 동안에도 나는 널 여전히 잊지 못했다는 내용의 가사를 표현한 매우 훌륭한 제목이다. 가사에서 지구가 태양을 도는 것을 지구가 태양을 감싸 안는다고 표현한 부분이 소름 돋게 좋다.

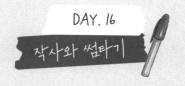

작사와 썸타기

과학 용어를 이용한 제목과 담고 싶은 내용을 간단히 메모해 보자.

예시)
뉴런(Neuron) – 외부 자극을 전달하는 신경세포의 단위로 첫눈에 반한 너를 본 순간 확
살아나는 연애세포를 표현할 때 활용할 수 있는 제목

N극과 S극 사이 – 달라도 너무 다른 두 남녀의 좌충우돌 로맨스를 그린 가사에 활용할 수
있는 제목

2

내용을 만들어 보자

DAY. 17

떠오르는 내용
일단 써 봐

다른 사람에게 보여지는 글을 쓴다는 것은 종류에 상관없이 부담되는 일이다. 삼행시도 그럴싸하게 지으려면 적잖은 고민이 필요한데 가사를 써야겠다고 생각하면 너무 막연해져 아무 생각도 안나기 마련이다. 이때는 범위를 좁혀 나가는 방식으로 글감을 찾는것이 효율적이다.

우선 내가 표현하고 싶은 주제는 무엇인지 생각해 보자. 대부분의 가사들은 주로 사랑 얘기로 이루어져 있지만 사회 비판이나 풍자가 될 수도 있고, 환경문제, 가족, 인생에 대한 고찰 등 자유롭게생각나는 대로 이야기하고 싶은 내용을 간단히 메모해 보자.

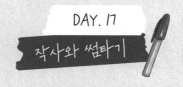

DAY. 17

작사와 썸타기

주제를 정해 자유롭게 내용을 적어 보자.

DAY. 18

나쁜 예와
좋은 예

가사의 내용을 만드는 나쁜 예와 좋은 예는 학교 다닐 때 많이 보았던 친구들의 일기 쓰는 방식에서 찾을 수 있다.

<첫 번째 예시>

나는 아침 8시에 일어나서 시리얼을 우유에 말아서 먹고, 찬물로 세수하고, 하교 후에 집 앞 놀이터에 가서 친구와 놀았다. 집에 돌아와서는 손발을 깨끗이 닦고 미뤄 두었던 수학과 영어 숙제를 했다. 저녁으로 피자를 시켜 먹고 밤에 TV를 보다가 잠이 들었다. 참 좋은 하루였다.

<두 번째 예시>

하교 후에 놀이터에 갔는데 친구들이 아무도 없었다. 그냥 집에 가면 엄마가 공부를 시킬까 봐 혼자 모래에 그림을 그리며 시간을 때

우고 있었다. 엊그제 한바탕 비가 와서 그런지 모래를 가르는 손끝의 촉감이 어쩐지 서늘하고 축축했다. 그리고 싶은 게 뭔지도 모르면서 아니 딱히 없으면서 하릴없이 내 얼굴만한 동그라미를 그려댔다. 그때, 누군가 내 이름을 부르는 소리가 들려 멈추고 뒤돌아보니 민이었다. 이 녀석을 학교에서 매일 만나지만 이렇게 반가운 적은 없었다.

이 두 가지 중 어떤 것이 좋은 예일까? 당연히 두 번째 예시가 좋은 예다. 이유는 뭘까? 첫 번째 예시는 소재의 범위가 너무 넓다. 하루 종일이 소재이다. 반면, 두 번째 예시는 첫 번째 예시에서 범위를 좁혀 혼자 놀이터에 갔던 순간에 집중해서 썼다. 그 순간에만 집중하다 보니 필자의 상황이나 감정들이 첫 번째보다 훨씬 깊이 와 닿는다.

가사의 내용도 이렇게 만들어 나가면 된다. 예를 들어 사랑 얘기로 가사를 쓰고 싶다면 짝사랑인지, 첫사랑인지, 갓 시작한 사랑인지, 오래된 사랑인지, 이별인지, 길고 긴 사랑의 역사 중에서 어느 단면을 끄집어내 표현하고 싶은지 일단 정하고 시작해야 한다. 그래야 밀도 있는 내용으로 가사를 쓸 수 있다.

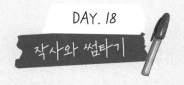

작사와 썸타기

위에서 쓴 사랑의 주제에서 범위를 더 좁혀 글감을 생각해 보자.

사랑의 몇 가지 시점

대부분의 가사가 사랑 노래이므로 이번 장에서는 사랑이란 주제로 가사를 만들어 나가는 방식을 이야기하겠다. 앞에서 범위를 좁혀 가는 것에 대해 언급했는데 사랑을 시기별로 세분화해서 표현한 곡들의 가사를 찾아보면 어떤 식으로 내용을 만드는 게 좋은지 알 수 있다.

연애를 하고 있거나 이별했을 때 가사가 더 잘 써진다는 말이 있다. 그 감정의 당사자가 필자 본인이므로 현재 감정을 솔직하게 가사로 풀어내면 되기 때문에 더 수월하다. 하지만 가사를 쓸 때마다 사랑과 이별을 반복할 수는 없는 노릇이다. 그러므로 편의상 상상력을 발휘해야 한다. 가사를 쓰기 전에 영화처럼 구체적인 특정 상황을 설정하고, 장면 속의 주인공 화자가 지금 어떤 감정과 기분을 느끼고 있는지, 어떤 말을 하고 싶을지를 미리 그려 두면 몰입도가 올라가 좀 더 디테일한 표현을 쓸 수 있다. 지금부터 그런 상황들을 설정해 가며 가사를 분석해 보자.

DAY. 19

짝사랑에
대하여

아침에 눈을 뜨자마자 습관처럼 확인하는 건 너의 SNS. 밤새 피드와 스토리에 업데이트되어 올라온 몇 장의 사진들. 이 카페는 또 누구랑 간 건지, 앞에 누가 있길래 이렇게 햇살같이 환하게 웃고 있는 건지. 나 없이도 충분히 즐거워 보이는 너를 보니 조금은 섭섭해질라 그러네. 하지만 이런 내 마음과 상관없이 넌 필터나 포샵 없이도 오늘도 참 예쁘다.

새벽에 업데이트된 너의 사진엔 벌써 수많은 '좋아요'가 눌러져 있어. 나도 뒤늦게 빨간 하트를 눌러 보지만 수많은 하트 속에 파묻혀 있는 내 하트를 네가 알아볼 수 있을지 모르겠다. 너를 좋아하는 사람들은 너의 팔로워 수만큼이나 이미 너무 많으니까.

급하게 핸드폰을 뒤져 쓸 만한 사진을 몇 장 찾아봤어. 이날 머리도 괜찮고 OOTD도 나쁘지 않았던 것 같아서 올릴까 말까 잠시 고민하다가 올렸어. 너 보라고. 너한테 꼭 보여 주고 싶어서. 몇 시간을 기다려도 넌 '좋아요'를 눌러 주지 않아. 하긴 수많은 맞팔들 사이에서 내 피드가 금세 획 지나가 버렸을지도 모르겠다. 너한테 '좋아요' 받고 싶어서 정성스레 올린 피드인데 하루가 지나도 알람은 오지 않아. 이런 거 귀찮아 하는 내가 오직 너한테 잘 보이고 싶어서 꽤 신경 써서 관리하는 계정인데, 넌 내 피드를 잘 안 보는 것 같아서 이게 무슨 의미가 있나 하고 문득 우울하고 허무해진다. 난 키가 꽤 큰 편인데 너한테는 내가 보이지 않나 봐. 수많은 팔로워 중에 그저 한 명뿐인 우주먼지인가 봐.

친구들이랑 있을 땐 난 대문자 E인데 왜 네 앞에서 서면 I가 되는 건지. 이런 내가 초라해 보여서 널 그만 좋아하고 싶지만 네 생각은 알고리즘처럼 자꾸 나를 따라다녀서 내 맘이 내 맘대로 안 돼. 나도 너한테 '좋아요' 받고 싶다. 내 피드에 처음으로 '좋아요'를 눌러 주는 사람이 너였으면 얼마나 좋을까. 나처럼.

#우주먼지 #좋아요 #나도 좀 좋아해주라

우주먼지

노래: 제로베이스원
작사: 정세희, YOUNG(MUMW)

verse1)
오늘도 넌 예뻐 다 너만 봐
And I'm so so fine
널 보면 그래 별수 없지 뭐
어차피 지는 Game
알아도 몰라
네 앞에서면 난 With jet leg
Take an aeroplane
어지러워 금세 중심을 못 잡네
You got me 휘청휘청해

pre-chorus)
가득 찬 Message
Everyday and every night
여깄어나! 그 사이 어디
Ah yeah yeah yeah yeah
yeah
사실 바쁜데 하루에도 수십 번
Your feed and story에
습관처럼 Heart, Like

chorus)
쏟아지는 Like
And I and I 그중 하난 내 거야
oh my oh my 너만 모르나 봐
월화수목금토일 Like this
Look at me 보이니 내 맘

키는 제법 큰 난데 점점
작아져만 가 Why why
Oh baby baby why why why

verse2)
Tag tag 아직 숨겨진 Hot
place
여긴 딱 봐도 네 취향인 Cafe
어젠 머리가 잘됐고 옷도 완벽했고
한껏 꾸민 기념한 컷
Upload (Upload)
Update (Update)
질러놓고 기분이 Up-down
(Up-down)
내 Feed 관리 의미 있나 싶어
딱 한 사람 너 보라고 올린 건데

pre-chorus)
네 앞에 서면
우주먼지 같은 나
끝이 없이 떠도는 내 맘
Ah yeah yeah yeah yeah
yeah
너와 내 거린 얼마나 줄었을까
My feed and story엔
숨겨졌나 Your heart

chorus)
쏟아지는 Like
And I and I 그중 하난 내 거야
Oh my oh my 너만 모르나 봐
월화수목금토일 Like this
Look at me 보이니 내 맘
키는 제법 큰 난데 점점

bridge)
너로 끊임없는
마치 넌 Algorithm
한 걸음 다가서다 멈칫해 또
나 왜 이런지 몰라
친구들도 전부 놀라
싹 뒤바뀐 MBTI
Cause of you
사랑받고 싶어 정말

chorus)
쏟아지는 Like
And I and I 그중 하난 내 거야
Oh my oh my 너만 모르나 봐
월화수목금토일 Like this
Look at me 보이니 내 맘
키는 제법 큰 난데 점점
작아져만 가 Why why
Oh baby baby why why why

SNS를 통해 짝사랑의 감정을 귀엽게 표현한 제로베이스원의 〈우주먼지〉라는 곡이다.

요즘은 K-POP 아이돌 곡 가사에는 이런 식으로 SNS를 활용해 넣는 것이 이미 트렌드로 자리 잡혀 있다. K-POP의 주요 소비자층인 10대와 20대 연령층은 SNS를 통해 소통하는 것이 자연스러운 일상인 만큼 이런 변화는 당연한 것으로 받아들여진다. 그래서 SNS에서 일어나는 소소한 상황들을 가사화시킨 경우가 많은데, 이 곡도 그 좋은 예라고 할 수 있다.

상대방에 대한 호감이나 친밀도를 상대방의 SNS에 들어가 피드나 스토리에 '좋아요'를 눌러 주는 것으로 표현하는 경우가 많은데, 이런 상황을 트렌디하게 가사의 스토리 안에서 풀어냈다.

화자의 캐릭터는 인기가 많아서 팔로워가 많은 그녀를 좋아하는 키가 제법 큰 소년이다. 인기가 너무 많은 그녀를 좋아하는 짝사랑남으로서 감수해야 할 것이 하나 있는데, 본인의 존재가 우주먼지처럼 작고 초라해지는 기분을 매일 느끼며 그녀의 피드에 오늘도 '좋아요'를 누르고 있는 자신이다. 이런 캐릭터 설정이나 상황 설정이 10대와 20대 팬층에게 공감을 불러일으키기에 충분해 보인다.

게다가 브릿지에서 요즘 자기소개 필수 항목인 MBTI도 살짝 거론함으로써 SNS와 더불어 팬들의 흥미를 끌 수 있는 요소를 전략적으로 가사 안에 배치하고 있다. 또한 가사 톤이 전체적으로 독백

형식으로 진행되고 있는데, 왠지 그녀에게는 들리지 않을 마음속 혼잣말을 나만 몰래 엿듣는 재미도 주고 있다. 요즘은 강한 비유적 표현을 쓰는 것보다 이렇게 자연스럽게 말하듯이 쓰여진 가사를 선호하는 가수도 꽤 많아서 이 포인트도 참고하면 도움이 많이 될 것 같다.

여기에서 신의 한 수는 이런 귀엽고 가여운 가사를 제로베이스원이라는 핫한 보이그룹이 불러 준다는 것이다. 팬들은 가사의 스토리에 등장하는 청자 또는 화자를 자신에게 대입시켜 감정이입을 하며 즐거움을 느끼는 경우가 많은데, 자신의 피드에 '좋아요'를 몰래 눌러 주는 짝사랑남이 제로베이스원 멤버라고 상상하며 이 노래를 들으면 괜히 기분이 좋아질 것 같다.

가사에서 설정된 SNS를 이용한 스토리와 주인공의 캐릭터가 아티스트와 잘 어우러져 귀여운 짝사랑남의 감정을 잘 표현한 트렌디한 가사라고 생각한다.

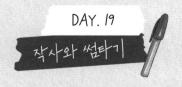

DAY. 19

작사와 썸타기

SNS라는 소재를 이용해 가사를 쓴다면 어떤 내용을 그리고 싶은지 위와
같은 방식으로 장면을 스케치해 보자.

DAY. 20

썸은 끝!
강렬한 연애의 시작

말하지 않아도 다 알 것 같은 감정이 있다. 몇 마디 말보다 더 많은 단어를 담고 있는 듯한 너의 눈빛이 스칠 때마다 우리를 둘러싼 공기 속에, 뺨에 닿는 숨결 끝에 녹아들어 있는 말들이 오롯이 전해지는 기분이 든다.

저물어 가는 태양 속에 길게 늘어진 둘의 그림자. 한낮의 더위가 한 김 식혀진 태양의 잔열 속에서 짙어진 두 그림자는 점점 하나로 겹쳐진다. 나의 시선 속에 너의 실루엣이 번져 가고, 너의 손끝 위로 나의 체온이 느껴지고, 코끝엔 달콤한 너의 향기가 번져 온다. 흐르는 리듬 속에서 그렇게 둘은 점점 하나가 된다.

굳이 말은 필요 없다. 그저 짙어져 가는 어둠 속에 꿈꾸듯 자유롭게 잠시 우리를 맡겨 두면 그만이다. 지금 이 순간 비로소 서로를 뜨겁게 껴안은 우리는 낮보다 눈부시다.

#SUNSET #말하지 않아도 #눈빛에 숨긴 말들

Don't Tell

노래: 강다니엘(feat. Jessi)
작사: 강다니엘, 제시, 한송이, roze, 안영주(MUMW)

verse)
Yeah
내게 무슨 말을 원해
뭔가 낯선 기분
저물어가는 태양에
잠시 날 맡길래 With you
Yeah
눈을 떠, 눈을 떠, 눈을 떠, Ma,
mama
마주 본 눈빛을 느끼고 Ma,
mama (Yeah!)
Yeah, No way
넌 날 자유롭게 해

pre-chorus)
Yeah
우린 지금 Higher, higher,
higher
번져가 Like fire, fire, fire
아름다워 admire, mire, mire
Just tell me how you want it
right now

chorus)
아무 말도 필요 없어 Don't tell
Ah yeah, ah yeah
둘만의 음악에 취해 Don't tell
Ah yeah, ah yeah

마주 본 표정
마주친 시선 (what)
이 순간에 어떤 말도
Don't tell Don't tell

rap)
Ooo, what you do, baby?
(Ooo!)
So smooth with the way you
throw them big stacks
Call you the Big Mac
급하지 않게
널 알아갔으면 해
That's right
뻔한 말은 재미없어
뭔가 다른 걸 원해 난
Four seasons on the Ocean
drive
That's our life, all night
So lemme take ya'

pre-chorus)
Higher, higher, higher
(Lemme take you higher)
뜨겁게 Like fire, fire, fire
숨이 막혀 admire, mire, mire
Just tell me how you want it
right now

chorus)
반복

bridge)
We can break it on down
Can we take it all down
Show me how you get
down, on sight
Can you bring it back up
Show me how you back up
Can you get it back back
너의 향기 속에 취해 yeah,
yeah, yeah
이 밤 속에 번져가 say yeah,
yeah, yeah
꿈꾸듯 날아올라 yeah, yeah,
yeah
말로는 다 설명하긴 부족해
Other girls in the back say
yeah, yeah yeah
All my fellows in the back say
yeah, yeah, yeah
Other girls in the back say
yeah, yeah yeah
All my fellows in here you
know how to act

벌스의 말을 건네듯 시작하는 부분이 자연스럽다. '저물어가는 태양에'는 시간적 배경을 알려 주는 표현이다. 프리코러스의 '아름다워 admire, mire, mire'는 라임 처리가 예쁘다. 랩 부분은 제시가 직접 작성했다. 요즘은 랩 파트를 가창하는 가수가 직접 쓰는 경우가 많다.

이 노래는 꼭 뮤직비디오랑 같이 봐 주면 좋겠다. 다소 마이너한 느낌이지만 화려한 라틴풍의 데모가 가사를 쓰기 전부터 이미 인상적이었다. 뮤직비디오와 안무 포인트를 상상하며 가사를 썼는데 머릿속에서 그렸던 장면이 거의 그대로 화려하게 뮤직비디오로 구현되어 있다.

가사에서 그리고자 하는 감정은 멜로디의 결과 이질감이 느껴지면 안 되는데, 데모를 처음 들었을 때 자연스럽게 두 남녀가 춤을 추고 있는 장면이 그려졌다. 때론 데모가 품고 있을 법한 상황과 감정, 이야기를 가사로 꺼내 쓰기만 하면 되는 경우도 있는데 이 곡이 그랬다.

1. 시간적 배경
일몰 시간부터 어둠이 드리우기 전까지

2. 공간적 배경
많은 사람들에 둘러싸인 음악이 흐르는 무대 위

3. 설정된 주요 인물

서로를 탐색 중인 매력적인 두 남녀

남자 주인공-강다니엘, 여자 주인공-제시

4. 일어난 사건

강렬한 리듬 속에서 탐색 중이었던 두 남녀가 비로소 하나가 되는 설정

설정된 위와 같은 요소가 멜로디의 무드와 잘 어울리는 가사라고 볼 수 있다. 때론 상황과 무드와 캐릭터를 잘 설정해 주는 것으로 사랑의 시점이 더 효과적으로 표현되기도 한다.

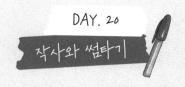

DAY. 20

작사와 썸타기

썸이 끝나고 강렬한 사랑에 빠져들기 시작한 두 남녀의 시점을 표현한 가사를 쓴다면 어떤 상황과 캐릭터를 그리고 싶은지 위와 같은 방식으로 장면을 스케치해 보자.

1. 시간적 배경:

2. 공간적 배경:

3. 설정된 주요 인물:

4. 일어난 사건:

DAY. 21

사랑이
무르익는 순간

또 악몽을 꿨어. 검고 거대한 물체가 자꾸 나를 삼키려고 따라 와. 도망치려고 힘껏 발버둥쳐 봐도 계속 제자리야. '살려 주세요' 비명을 질렀는데 목소리조차 나오지 않아. 그저 눈을 감고 몸을 웅크리고 어둠 속에서 떨고 있는데 그 순간 따스한 손길이 날 붙잡아 줬어. 눈을 떠 보니 네가 내 손을 꼭 잡고 있었어. '괜찮아?' 하며 내 이마에 맺힌 식은땀을 부드러운 옷깃으로 닦아 주는 너, 발그레해진 내 볼을 두 손으로 감싸 주는 너. 내 곁에 네가 있어서 참 다행이야. 날 붙잡아 주는 네가 있어서 난 이제 모든 게 괜찮아졌어.

#겨울 #새벽 #소파 위 #영화를 보다 잠든 여자

Gravity

노래: 태연
작사: JQ, 문예린 (MUMW)

verse1)
_____
_____
_____
_____
_____
_____

pre-chorus)
_____
_____

chorus)
_____
_____
_____
_____
_____

verse2)
_____
_____
_____
_____
_____
_____

pre-chorus)
_____
_____
_____

chorus)
_____
_____
_____
_____
_____
_____

bridge)
_____
_____
_____
_____
_____

chorus)
_____
_____
_____
_____
_____
_____

태연의 〈Gravity〉는 가사에 집중하며 필사를 해 보자. 이 곡은 '중력'을 이용한 노래 중에 개인적으로 가장 완성도 높은 가사라고 생각한다. 노래와 함께 꼭 가사를 두 번 이상 훑어보길 권한다. 서사 구조가 잘 짜여진 가사라 분량이 길지 않음에도 불구하고 한 편의 영화를 보듯 기승전결이 명확하다.

첫 번째 벌스에선 '난 온기 없는 어둠 속을/유영하듯 헤매어'라는 가사로 너를 만나기 전 나의 불안하고 위태로운 상황을 설명했다. 프리코러스에선 따스한 널 만난 순간, 코러스에선 '위태롭던 내게 넌 Gravity/방황하던 날 강렬하게 이끈 힘' '끝없이 넌 날 이끈 Gravity/변함없이 날 따스하게 감싸지'라는 가사로 Gravity처럼 변함없이 날 잡아 주고 버티게 해 주는 너에 대해 이야기한다. 서로에 대한 충분한 믿음이 쌓인, 어느 정도 시간이 무르익은 연인 관계에서 느낄 수 있는 감정이다.

사실 Gravity는 다른 가사에서도 많이 쓰였던 소재이다. 보통 Gravity는 첫눈에 만나 확 끌리는 순간이나 그와 반대로 헤어졌지만 감정적으로 이별하지 못하고 그 관계를 맴돌고 있는 상황을 묘사할 때 쓰인다. 하지만 이 가사는 시각을 달리해 흔들리는 날 붙잡아 준 변함없는 너를 Gravity라고 표현해 타 가사와의 차별을 이끌었다. 신선하게 한 끗 차이를 만들어 낸 작품이다. 이 가사가 참 묘한 것이 담고 있는 감정이나 내용은 결국 안도와 고마움인데 전체적인 가사의 톤은 슬프고 아름답고 아련하다. 그래서 가수 태연의 목소리와 조화롭게 들린다.

밑에 예시 곡들도 한 번씩 들어 보며 사랑을 꽃피워 가는 감정을 어떻게 가사에 녹였는지 느껴 보자.

예시곡)
숀 <To Be Loved>
EXO-CBX(첸백시) <내일만나(Sweet Dreams!)>

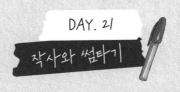

DAY. 21

작사와 썸타기

예시로 언급한 곡 중 하나를 골라 구성과 묘사, 제목에 대해 분석해 보자.

DAY. 22

십대의 사랑과 이별
그리고 상처

나의 수많은 처음이었던 너…. 책에서만 봤던 사랑이라는 단어가 내 마음속에 와서 빨간 장미꽃처럼 피어나 버렸어. 사랑은 좋은 거라고, 설레는 거라고 분명히 어른들이 그랬던 것 같은데 이 사랑은 나를 점점 망쳐 가는 것 같아.

너는 메시지로만 나를 사랑해. 온갖 달콤한 말들로 이 감정을 사랑이라 믿게 만들어. 네가 보낸 작은 하트 이모티콘을 베고 누워 심장이 터져 버릴 듯 밤새 뒤척여 잠을 이루지 못한 밤도 숱해. 하지만 막상 네게 다가가려고 손을 뻗으면 언제 그랬냐는 듯 넌 나를 밀어내곤 착각하게 만들어서 미안하다는 말 뒤로 숨어 버려. 이 극과 극 감정의 간극 속에서 나는 어떤 표정을 지어야 할지 잘 모르겠어. 우리가 하는 이런 게 사랑이 아니었다면, 도대체 뭐가 사랑인지 누가 좀 가르쳐줬으면 좋겠다.

혼란하게 몰아치는 감정의 소용돌이 속에서 나는 점점 무너져

가고, 이 무너짐조차도 무뎌져. 그럼에도 날 망치는 이 해로운 사랑을 차마 놓을 수가 없어서 힘껏 쥐고 있었어. 붉게 멍들어 가는 내 마음은 애써 외면한 채로. 죽을 만큼 힘들지만 놓는 것은 더 견딜 수가 없을 것 같아서 너를 더 꽉 안아 버렸는데 이젠 정말 그만해야 하나 봐.

　나의 모든 처음이었던 너를 지우는 것은 아마 죽을 만큼 힘들 거야. 내가 힘들어 죽을 것 같아 보여도 제발 모른 척 지나가 줘. 아플 만큼 아프다가 깨끗하게 널 잊어 볼게. 그게 네가 나에게 해 줄 수 있는 유일한 배려니까. Love or Die.

#메시지 #하트 이모티콘 #나의 모든 처음 #아파도 좋아 #나를 망치는 Love

Love or Die

노래: The new six(TNX)
작사: 은휘, 안영주, 싸이(PSY)

intro)
Know you blow my mind
Love or Die
넌 날 망쳐가
But I don't mind
좋은데 아파
Do or Die
이제 넌 내게 Waste
지워버려도 돼

verse1)
No one knows you're lying
또 내 맘에 흉터를 남기지
너를 봐 또 무너짐에 무뎌진 널
매일 똑같은 곳 너와 다른 모습을 하고서
You're the one I need
같은 말 되뇌면서
Oh wanna give you the world
Wanna make you feel like the luckiest boy
But 넌 날 밀어낸 후
멀어지길 바라
Nah nah nah nah

pre-chorus)
우리 서로 나눈 메시지를 봐
대체 이게 사랑 아니면 뭔데
그동안 왜 넌 내게 Baby woo
Oh why
착각한 게 아니라니까 사랑이라니까

chorus)
Know you blow my mind
Love or Die
넌 날 망쳐가
But I don't mind 좋은데 아파
Do or Die
이제 넌 내게 Waste
지워버려도 돼
Love or Die It's true
붉게 물든 맘 Hoo
짙게 번져 더욱
이제 넌 내게 Waste
지워버려도 돼 이젠

verse2)
I don't see a life without you
내 머릿속은 All about you
네게 빠져버린 꿈

깨고 나면 Dejavu
Love or Die
I don't know how to
Cause you gotta know
나를 망쳐버려도
멈출 수가 없는 걸
You're the boy I love the most yeah

pre-chorus)
우리 서로 나눈 메시지를 봐
대체 이게 사랑 아니면 뭔데
Sorry I am not done yet baby woo
Oh why
착각한 게 아니라니까 사랑이라니까

chorus)
반복

bridge)
Tell me every everything I need to know
네가 남긴 상처들이 아물지 않아
내 맘이 다치게 안아주지 마

101

이 곡은 처음부터 십대의 사랑과 이별이라는 주제가 정해진 상태로 작업이 진행됐다. 멤버 은휘와 필자와 싸이 대표님의 가사를 조합하는 형식으로 발매됐다. 요즘 데뷔하는 아이돌은 십대인 경우가 많고, 이들의 타깃 층 역시 십대인 경우가 많아서 이 주제로 가사가 발매되는 건 어찌 보면 자연스러운 현상이다.

사랑이라는 감정을 처음 겪는 십대에게는 신기하고 짜릿한 사랑의 감정에 도취되어 사랑만이 유일한 가치이고 전부라고 믿어 버리는 순간이 찾아온다. 그 찰나의 감정을 가사로 기록하고 싶었다. 딱 그 시절에만 느낄 수 있는 아프지만 순수한 마음이라서 더 소중하다고 생각하기 때문이다. 무모하게 지나가 버릴 사랑에 내 모든 걸 걸고, 그로 인해 처절히 상처받는, 하지만 돌아보면 아름다울 첫사랑의 아픔에 대해 말하고 싶었다.

참고로 원래 제출했던 가사 시안을 첨부한다. 이 시안과 멤버 은휘, 싸이 대표님의 가사가 섞여 발매 가사가 완성되었다. 요즘 흔히 찾아볼 수 있는 작업 방식이다. 처음 제목은 'Dilemma'였는데 발매 과정에서 제목이 가사의 일부였던 'Love or die'로 바뀌었다. 탁월한 판단이 아니었나 싶다.

Dilemma

intro)
나쁜데 좋아 Dilemma
좋은데 아파 Love or die
넌 날 망쳐가 In and out
다칠 게 뻔한데
놓을 수 없어 왜

verse1)
장미꽃을 쥔 듯
위태롭고 아름다워
다쳐도 더 꽉
너를 온몸으로 감싸안아
날카로운 말들
가시처럼 나를 찔러 와도
You're the only one I need
후회도 감당할게
선택 따윈 없어
처음 느껴본 끌림인걸
거부할 수 없어
You make me feel alive
Yeah Yeah Yeah Yeah

B section)
감각들의 Dance
통증 속에 핀 환희 Mad
Can you feel like vibrations
Put that thing in rotation
Baby, oooo

hook1)
나쁜데 좋아 Dilemma
좋은데 아파 Love or die
넌 날 망쳐가 In and out

다칠 게 뻔한데
놓을 수 없어 왜
위험한 이 Jamais vu
붉게 물든 My truth
짙게 번져 더 욱
흉터 한가운데
전율이 짙게 배어

verse2)
세게 덮쳐온 혼란 속
옳고 그름은 덧없어
중심을 잃어버려 툭
거친 감정의 끝
오직 너만이 몰아쳐 yeah
파고드는 Love
이대로 너를 품에 안고 Fall
아슬한 공기 위로
나를 향한 시선 Fool
But you're the girl I love
the most, yeah

B section)
엉켜버린 매일
짜릿함 속의 Side effect
Can you feel like vibrations
Put that thing in rotation
Baby, oooo

hook2)
나쁜데 좋아 Dilemma
좋은데 아파 Love or die
넌 날 망쳐가 In and out
다칠 게 뻔한데

놓을 수 없어 왜
위험한 이 Jamais vu
붉게 물든 My truth
짙게 번져 더 욱~
흉터 한가운데
전율이 깊게 배어

Break)
Woh, Oh-oh, Oh-oh
Oh, Oh-oh, Oh-oh, Oh, Oh
Woh, Oh-oh, Oh-oh
Oh, Oh-oh, Oh-oh, Oh, Oh

hook3)
현실과 이상 Dilemma
그 사이에서 피어나
Heaven과 Hell이 In your
eyes
미치게 힘든데
너 아님 안 돼 왜
황홀한 이 데자뷰
마치 달콤한 독
너를 들이켜 훅
해로운 너인데
외로워 너 없이 난
나쁜데 좋아 Dilemma
좋은데 아파 Love or die
넌 날 망쳐가 In and out
다칠 게 뻔한데
놓을 수 없어 왜

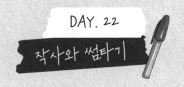

작사가들은 보통 십대가 아니지만 위와 같이 십대의 이야기를 써야 할 때
가 많다. 내가 만약 십대의 사랑과 이별에 대해 가사를 쓴다면 키워드를 어
떻게 잡고 싶은지 구상해 보자.

예시)
Love or Die: 첫사랑에 무모할 만큼 빠져들고 몰입하는 십대의 순수한 사랑의 특징을 캐
치한 제목

DAY. 23
권태기,
이별 직전

남 - 도대체 뭐가 또 문제인지 넌 말없이 창밖만 보고 있어. 영화 보고 싶대서 내 취향도 아닌 로맨스 영화도 군말 없이 보러 가고, 네가 와 보고 싶다던 핫한 카페도 일부러 오래 운전해서 찾아왔는데 뭐가 또 불만인 건지 넌 나와 눈도 안 마주치고 말없이 한숨만 쉬고 있어. 솔직히 이젠 나도 점점 지친다. 뭘 잘못했는지 모르면서 사과하는 것도, 수학 문제보다 더 어려운 네 마음을 딱 맞추는 것도 이젠 다 지쳐. 우리 이제 그만 할까?

여 - 나를 보는 눈빛이 처음과 많이 달라진 너, 거짓말이 서툴러서 식어 버린 마음을 나한테 다 들켜 버리는 너. 하지만 본인의 선택에 책임지려 애쓰고 있는 네가 안쓰럽고 불안해. 그러다가 한순간 사라질 것만 같아서. 오늘은 일부러 네가 싫어하는 것들만 골라서 하자고 해 봤어. 로맨스 영화도, 느끼한 음식도, 무덤덤한 너보단 차라리 화내고 짜증이라도 내는 네가 마음 편해서…. 넌 최대한 내게 맞춰 주려고 작정한 듯 별말 없이 내 마음대로 하라고 하더라. 별 기대도 안 했다는 말투로, 빨리 이 시간이 가길 바라는 눈빛으로…. 불안해 하는 내 마음을 들킬까 봐 너와 눈을 마주칠 수도, 너한테 화를 낼 수도 없어서 멍하니 창밖만 바라봤어. 나도 모르게 눈물이 흐를까 봐.

#카페 안 #마주 앉은 두 남녀

Heart Stop

노래: 태민 (Feat.SEULGI of Red Velvet)
작사: JQ, 김진(MUMW) 외

verse1)
의미 없는 숨만 고르고 있어
같은 공간 속 딴 세상의 너
먼 곳으로 던진 시선 나를 비껴가
깊은 정적만 선명히 들려와

chorus)
이젠 Heart stop beating
멈춰버린 Feeling
너와 난 Heart stop beating
식어버린 Feeling

verse2)
하나 둘씩 흐려진 널 느껴놓고
난 아무것도 못 본 척 널 안았어
Oh 투명하게 다 비쳤었던
너의 생각이 도저히 읽혀지지 않아

chorus)
다른 시간 속을 걷듯 낯선
우리 또 어긋나는 눈빛 한숨 소리
볼륨을 꺼버린 듯 또 다시 온
적막이 너와 날 너와 날 가둬

bridge)
세게 안아도 설레지 않고

내일 뭘 할 건지도 궁금하지 않잖아
시간을 돌려도 난 막을 수 없고
시간을 멈춰도 너를 잡을 수 없어

chorus)
이젠 정말 Heart stop beating
Oh 멈춰버린 Feeling
너와 난 Heart stop beating
Oh 식어버린 Feeling
Oh yeah yeah

bridge)
이쯤에서 끝내자 하고
멋지게 뒤돌아서도
이상할 게 없는 이 상황
누군가 하나 독해져야만 해
더 물러날 수 없는 맘
더 미룰 수 없는 말
더 끌지 않기로 해
좁힐 수 없을 만큼 다른 시간

chorus)
다른 시간 속을 걷듯 낯선
우리 또 어긋나는 눈빛 한숨 소리
볼륨을 꺼버린 듯 적막 속에
또 너와 날 너와 날 가둬

이 곡은 태민이 레드벨벳 슬기와 함께 부른 듀엣곡이다. 권태기에 접어든 남녀의 무미건조한 감정을 시크한 멜로디와 가사로 잘 표현해 개인적으로 애정하는 가사 중 하나다.

이 가사의 시점적 포커스는 이별을 고민할 정도로 권태기에 들어선 남녀가 한 공간에서 서로 다른 생각을 하고, 다른 곳을 보며 지루한 시간을 견디고 있는 그 찰나에 맞춰져 있다.

1절의 벌스에서는 남녀가 같은 공간에 있지만 서로 말도 안 섞고, 눈도 안 마주치고, 각자 다른 곳을 바라보는 장면이 그려진다. 눈에 그려지는 상황 설정도 좋은데 묘사 또한 뛰어나다. '의미 없는 숨만 고르고 있어/먼 곳으로 던진 시선 나를 비껴가' 말없이 다른 곳을 응시하고 있는 남녀를 표현한 구절인데 간결하고 명확하게 와 닿는다. 먼 곳으로 던진 시선이 나를 비껴간다는 표현이 독특해서 좋다.

2절의 코러스에서는 비슷한 상황을 '볼륨을 꺼버린 듯 또다시 온/ 적막이 너와 날 너와 날 가둬'라는 또 다른 표현으로 더 신박하게 풀어냈다. 말이 없어진 두 남녀의 감정과 상황을 볼륨을 꺼버린 듯한 적막이라고 표현한 점이 새롭다.

가사에서 표현이 뛰어나거나 와 닿아 감정을 혹 때리는 부분을 '펀치라인'이라고 부르는데 이 가사는 펀치라인이 아닌 곳을 찾기 힘들 정도로 잘 써진 가사라고 생각한다.

　듀엣곡이라서 벌스에서는 남녀가 서로의 감정을 주거니 받거니 하며 토로하고 있고, 코러스에서는 그 감정의 교집합인 '이젠 정말 Heart stop beating/Oh 멈춰버린 Feeling/너와 난 Heart stop beating/Oh 식어버린 Feeling'으로 마무리한다. 제목도 'Heart Stop'이라서 가사의 시점과 주제와 소재들을 무리 없이 포용하고 있다.

　밑에 예시 곡들도 한 번씩 들어 보며 권태기 혹은 이별을 맞이하는 감정을 어떻게 가사에 녹였는지 느껴 보자.

예시곡)
＊권태기
숀 <터미널>

＊이별직전
EXO <Sign>, <Stay>
윤종신 <내일할일>

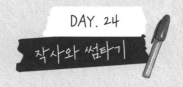

DAY. 24

작사와 썸타기

예시로 언급한 곡 중 하나를 골라 구성과 묘사, 제목에 대해 분석해 보자.

DAY. 24

이별 후

정말 오랜만에 캠퍼스에 가 봤어. 한동안 여기에 올 수가 없더라. 네가 아닌 곳이 한 군데도 없어서…. 눈길이, 발길이 닿는 모든 곳이 다 너일 거라서…. 간신히 눌러 놓은 마음이 한순간 확 터져 버릴까 봐 차마 이곳에 오지 못했어. 이곳도 참 많이 변했어. 학생식당도, 도서관도, 강의실도 다 새것처럼 반짝반짝 빛나. 네 이름과 내 이름을 새겨 놓았던 작은 호수 앞 나무 벤치에도 새로 흰 페인트칠이 되어 있더라. 손때가 묻어 있던 빛바랜 그때의 느낌은 거의 남아 있지 않아. 마치 지금의 우리처럼. 분명 내가 지나온 계절들이 맞는데 기억 속에 너무 오래 묻어 두어 한여름 밤의 꿈만 같은 네가 있던 그때, 서로의 가장 눈부신 순간들을 나눠 가진 우리, 다시 돌아갈 수 없기에 더 아름다워지는 스무 살의 그날들.

#봄밤 #캠퍼스 #혼자 걸으며 음악을 듣고 있는 여자

스무살 어느 날

노래: 윤하
작사: JQ, 이지혜(MUMW)

verse1)
있잖아 지금 난
누군갈 그렇게
가슴이 터질 만큼
좋아해지지 않아
푸르게 번지던
둘만의 여름날을 건너서
이별 앞에
어느새
와버린 그날

pre-chorus)
내게 돌아서던 순간
혼자 숨죽여 울던 밤
아직도 여기
그대론데

chorus)
ooh ooh ooh ooh ooh ooh
뭘까 그때 내게
사랑이란
ooh ooh ooh ooh ooh ooh
어쩜 다신 사랑
못할 것만 같아

verse2)
있잖아 난 말야
낯설어 모든 게
한 번도 이런 나를
상상해 본 적 없어
반복된 우연과

몇 번의 계절이 또 겹쳐져
사랑 앞에
어느새
와버린 거야

pre-chorus)
처음 손을 잡은 그날
나란히 걸었던 순간
자꾸 꿈인 것만 같은데
왠지

chorus)
ooh ooh ooh ooh ooh ooh
뭘까 지금 내게
사랑이란
ooh ooh ooh ooh ooh ooh
어쩜 이런 사랑
못할 것만 같아

bridge)
그때 설레던 그때
그때 선명한 그때
그때 그때 세상이 다
눈부시던
그때 혼자 서울 때
그때 아팠던 그때
그때 그때 그때

outro)
ooh ooh ooh ooh ooh ooh
영원 같던 그때 스무살 어느 날

이 감정을 가사에 녹인 윤하의 〈스무살 어느 날〉을 살펴보자.

'스무살 어느 날'이란 제목부터 단편 드라마처럼 독특하고 예쁘다. 유치하지 않으면서 슬프고 아름답기가 힘든데 그 어려운 걸 해낸 가사이다. 이 가사의 시점은 첫 이별 후 오랜 시간을 지나온 후이다. 20대 후반이나 30대 초반쯤의 화자가 스무 살의 첫사랑과 이별을 문득 떠올렸을 때 드는 그리움 혹은 아련함을 표현했다.

가사의 전체 톤이 고운 수채화 같다. '푸르게 번지던/둘만의 여름날을 건너서/몇 번의 계절이 또 겹쳐져/처음 손을 잡은 그날/나란히 걸었던 순간/자꾸 꿈인 것만 같은데' 이런 가사들은 머릿속에 자연스레 그려지는 각자의 스무 살 어느 장면과 함께 자꾸 되뇌어 보게 한다.

첫 번째 벌스에서는 '이별 앞에/어느새/와버린 그날'이라는 가사로 과거를 묘사했다면, 두번째 벌스에서는 '사랑 앞에/어느새/와버린 거야'로 현재 화자의 상태를 표현했다. '영원 같던 그때 스무 살 어느 날'에서 벗어나 사랑 앞에 다시 온 본인의 변화된 감정을 담담히 표현하고 있다. 여기에서 '와버린'이란 표현이 참 좋다. 스무 살의 첫 이별도 예상치 못한 의도치 않은 사건이지만 다시 시작하는 사랑 또한 내겐 그런 것이라고 말하는 화자의 감정을 '와버린'이라는 세 글자로 충분히 납득할 수 있을 것만 같다.

브릿지에선 '그때 설레던 그때/그때 선명한 그때/그때 그때 세상이 다/눈부시던'이라는 구조적 패턴이 반복되는 가사로 다소 소극적이었던 화자의 감정을 이 부분에서 확 터트려 극대화시키고 있다. 작사가의 세심하고 아름다운 표현이 돋보이는 작품이다.

밑에 예시 곡들도 한 번씩 들어 보며 이별 후의 감정을 어떻게 가사에 녹였는지 느껴 보자.

예시곡)
EXO <여기 있을게>
서은광 (비투비) <이제 겨우 하루>
몬스타엑스 <Burn it up>
태연 <Blue>

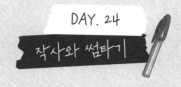

DAY. 24
작사와 썸타기

예시로 언급한 곡 중 하나를 골라 구성과 묘사, 제목에 대해 분석해 보자.

4

태도를 분명히 해 주세요

가사를 처음 쓰는 사람들이 저지르기 쉬운 오류 중 하나는 화자의 태도와 입장이 뭔지 분명하지 않은 것이다. 사람의 마음은 이랬다 저랬다 할 수 있다. 사랑에 있어서는 더욱 그럴 수 있다. 헤어지고 싶은 건지 다시 만나고 싶은 건지, 좋다는 건지 싫다는 건지, 나도 내 마음을 모를 때가 있다. 하지만 가사를 쓸 때만큼은 왔다 갔다 하면 안 된다. 정리가 안 되는 복잡한 마음을 표현한 가사도 있겠지만 어쨌든 지금 화자가 뭘 어쩌고 싶은 건지, 어떤 상태인지 3, 4분 안에 하나의 분명한 입장과 태도를 보여 줘야 한다. 몇 가지 예시와 함께 설명해 보겠다.

DAY. 25

네가 너무 좋아

'네가 너무 좋아'라고 말하는 가사는 수없이 많다. 좋은 건 충분히 알겠는데 가사를 처음부터 끝까지 '네가 너무 좋아'라고 쓸 수는 없는 노릇이다. 3, 4분 안에 한 줄의 메시지를 분명하게 전달하기 위해서 적절한 제목과 배경, 인물이 설정이 된 가사가 필요한 것이 다. 좋은 예시인 VAV의 〈Senorita〉를 살펴보자.

앞에서 이야기한 것처럼 이제 가사를 보면 노래를 들으면서
1. 구성을 나눠 보고
2. 이 가사가 어느 시점을 이야기하고 있는지 생각해 보고
3. 표현이 뛰어난 부분을 체크해 보자.

〈Senorita〉는 밀당이라고는 전혀 없는 그냥 처음부터 네가 너무 예쁘고, 너무 좋다고 직설적으로 내리꽂는 가사가 인상적이다. 이것보다 더 태도를 분명히 하기는 힘들 것 같단 생각이 들 정도로 대놓고 직진하는 모습을 보여 준다.

랩에서 '마치 첫사랑을 환불 받은 기분'이라는 가사가 있는데 이 근사한 한 줄이 모든 감정을 대표하고 있다고 생각한다. 이 한 줄을 보고 소름이 돋았다. 이런 표현은 처음 봤을 뿐만 아니라 굳이 긴 설명 없이도 이 남자가 얼마만큼 간절한지, 얼마만큼 빠져 있는지 단번에 알게 하는 구절이다.

코러스의 '난 눈을 뜨고 서서/너라는 꿈을 꾸게 됐어' 같은 표현도 얼마나 좋으면 저럴까 싶게 귀엽다. 그뿐만 아니라 이 가사는 라임을 공부하기에도 너무 좋은 예시다. 깨알같이 맞춰진 라임이 듣는 재미를 배가시킨다. 라임에 대한 자세한 분석은 뒤에서 자세히 다루려고 한다.

Senorita

노래: VAV
작사: JQ, 배성현, 이연, 에이노, 로우

verse1)
많은 사람들 속 Senorita
여긴 너만을 비추나 빛이나
Mamacita 내 맘이 타오르잖아
나의 마음이 들리면 돌아봐 줄래

chorus)
Senorita 나 너를 좀 더 알고 싶다
운명을 만난 순간
밤새워 잠을 못 이룰 듯해
Viva la vida loca mamacita
난 눈을 뜨고 서서
너라는 꿈을 꾸게 됐어
마주친 순간 흐르는 전율
가까워 질 때 심장이 멎을 듯해
네게 홀린 듯해 이게 무슨 일이야
마음의 울림 운명적 Timing
나도 모르게 심장에 너를 새겨
나는 너 하나로 이미 정해진 거야

rap)
첨이 아닌 것 같아 코 끝이 찡해
우리 어디서 본 적 있지 않나
작업 멘트 아닌 fallin love uh
마치 첫사랑을 환불 받은 기분
할렐루야 너도 나를 힐끔
힐끔 힐끔 기회만 보다 내가 지금
다가 가야할 것만 같은 그런 이유
지금껏 찾아왔던 거기 세뇨리따

밀당은 건너뛸까 섹시 마마시타

chorus)
반복

rap)
Oh my sexy mamacita
난 네게 저격이고 저격 당해
마치 killer yeah
You're my only Señorita
어디서도 너의 매력을 보이지마 Yeah
사랑한단 말 그쪽 말로 해석
전하고 싶어 난 Te quiero
우리 사이 흐르는 장르는 바로 멜로
뇌리를 꽂는 전류는
볼트 501v쯤 될 걸

chorus)
Senorita 나 너를 전부 알고 싶다
두 손이 닿은 순간
우리의 비밀은 시작된 걸
Viva la vida loca mamacita
심장이 뜨거워져
숨쉴 틈 하나 없게 됐어
거짓말처럼 날 향한 웃음
너를 더 원해 무슨 말이 필요해
네게 미친 듯해 이게 무슨 일이야
명확한 느낌 운명의 Signal
네게 반응해 나를 안달 나게 해
나는 너 하나로 이미 정해진 거야

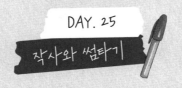

작사와 썸타기

앞의 곡처럼 '네가 너무 좋아'라는 메시지 한 줄을 표현하기 위한 가사의
제목과 대강의 내용을 설정해 보자.

DAY. 26

시련을 함께 이겨 낸 우리
지금처럼만 영원히

사랑은 힘든 시기에 비로소 그 진가를 발휘한다. 행복하고 모든 상황이 여유로울 때 처음 마음 그대로 사랑을 예쁘게 지켜 가는 것은 그다지 어렵지 않다. 가장 힘든 순간에, 어둠만 가득한 생의 터널을 통과하고 있을 때 곁에서 내 손을 따뜻하게 잡아 주는 사랑이 진짜라고 생각한다.

살면서 이런 사람을 만날 수 있다는 것 자체가 어쩌면 선물인 것 같다. 믿음과 고마움이 바탕이 된 그런 사이라면 앞으로 어떤 힘든 일을 겪게 되더라도 서로의 손을 절대 놓지 않을 것이다. 그런 사람과 함께라면 등대 하나 없는 칠흑 같은 어둠 속에서도 서로의 눈빛에 의지해 멈추지 않고 앞으로 나아갈 수 있을 것만 같다. 그 무엇보다 든든한 울타리가 되어 주는 단단한 사랑을 가사화한 좋은 곡들도 많지만, 멋진 발라드 장인들이 모여 부른 가사의 곡이 있어서 소개하고 싶다.

사이

노래: 고막소년단(폴킴, 김민석, 정승환, 하현상, BIG Naughty)
작사: JQ(MUMW)

verse1)
닮은 듯
다른 우리가 만나
서로를
알아가던 그 시간
긴 어둠 끝의 등대처럼
오래 기다린 만남 같아
불안한 마음들을 나눈 밤
따스히 차오르던 나의 맘
아물지 않던 아픔마저
흰 눈처럼 녹아내렸지

pre-chorus)
영원히
함께 걸어갈 우리

chorus)
시작과 끝
사이에 어딘가 너와 나
방황해도 괜찮아
서롤 감싸안아
이렇게 너를 만나
하루의 끝
긴 밤을 넘어 새벽이 와
어둠을 밀어낸 맘
이제 언제라도

어디에서라도
지금처럼

verse2)
참 이제는 제법
어울리는 우리들
어떤 것보다 특별한 의미
내게 온 선물 너라는 이유

pre-chorus)
이어가
마침표 없는 우리

chorus)
시작과 끝
사이에 어딘가 너와 나
방황해도 괜찮아
서롤 감싸안아
이렇게 너를 만나
하루의 끝
긴 밤을 넘어 새벽이 와
어둠을 밀어낸 맘
이제 언제라도
어디에서라도
지금처럼
Ah

Ah
지금처럼 Ah
Ah
이 길의 끝은 모르지만
헤매어도 괜찮아
서로를 감싸준 맘
우리 모든 순간
지금처럼
혼자서 걸어온 그 시간
유난히 길었던 밤
비로소 끝이 나
우리 모든 순간
지금처럼
Ah
Ah
지금처럼
Ah
Ah

가사에서 묘사된 두 연인은 함께 시련을 겪어 낸 단단한 사이다. 터널 같은 시간을 비로소 통과해 낸 두 사람 사이에 관한 이야기를 풀어내고 있다. 누구에게나 시련의 순간은 온다. 보통의 인연은 그 순간에 손을 놔 버리지만 정말 내 사람이라면 그런 순간일수록 흔들리지 않고 손을 더 꼭 잡아 준다. 고난과 시련을 함께 헤쳐 온 연인에 대한 믿음과 고마움이 가사 전체에 따스하게 녹아들어 있다.

연인 간의 사랑에서 의미를 확장시켜 녹진한 우정을 표현했다고 봐도 괜찮을 것 같다. 비유적 표현이 효과적으로 사용된 인상적인 구간이 많은데, '긴 어둠 끝의 등대처럼/흰 눈처럼 녹아내린 아픔' 같은 표현은 모두 너의 존재에 대한 비유다. 인칭대명사가 공간적 제약상 따로 붙어 있지는 않지만 '너는 긴 어둠 끝의 등대 같은 존재야' '너는 흰 눈처럼 내 아픔을 녹아내리게 해'라는 문장들이 함축적으로 배치되어 있다고 볼 수 있다.

1절 벌스에서 '불안한 마음들을 나눈 밤/따스히 차오르던 나의 맘'의 라임 처리가 예쁘다. 프리코러스 '영원히/함께 걸어갈 우리'는 사랑의 시점을 보여 주는 표현이다. 이후 등장하는 코러스의 '시작과 끝/사이에 어딘가 너와 나'는 제목의 이유가 설명된 핵심 구절이다. '긴 밤을 넘어 새벽이 와'는 드디어 어둠이 거두어지고 있음을 보여 준다. 2절 벌스 '참 이제는 제법/어울리는 우리들'은 만난 지 적어도 1년 이상 된 연인이 아닐까 추측해 볼 수 있는 표현이다. 이어 프리코러스의 '이어가/마침표 없는 우리'는 '우리 사랑

영원히'라는 자칫 뻔할 수 있는 메시지를 '마침표 없는 우리'로 표현한 것이 신의 한 수이다. 코러스의 '비로소 끝이 나'는 함께 겪어낸 시련이 드디어 막을 내리고 행복할 일만 남은 두 사람의 사이를 보여 준다.

가사는 멜로디 위에 글을 배치하는 작업이므로 모든 문장을 형태 그대로 넣기가 힘들다. 그럴 땐 이런 식으로 재단해서 넣어야 하는 경우가 있다. 이때 주의할 점은 인칭대명사가 생략되어도 앞뒤 상황이 이해가 되어야 한다는 것이다. 여기서 말하는 '너'가 누구를 지칭하는지 모르게 써 버리면 리스너에게 혼동을 줄 수 있기 때문이다.

가사의 시간적 배경은 밤에서 새벽으로 넘어가는 시간대다. 어둠을 시련의 한가운데라 표현하고 있으니 새벽은 고난의 끝이 보이는 그즈음의 연인을 시간적 배경으로도 표현하고 있다. 눈부신 아침이나 한낮보다는 왠지 새벽이라는 시간대가 차분한 데모의 이미지와도 잘 어울리고, 가수들의 목소리와도 잘 어우러져 보다 진실성 있어 보인다.

이렇게 '사이'라는 제목에서부터 비유법적인 표현과 시간적 배경 설정까지 모든 것의 조합이 데모의 결에 잘 맞아서 좋았던 듣기 편안한 곡이다.

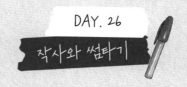

DAY. 26

작사와 썸타기

시련을 극복해 나가는 연인들의 이야기를 담은 또 다른 가사를 찾아 읽어
보자.

윤종신 <오르막길>
디오(D.O) <내일의 우리(Ordinary Days)>

DAY. 27

달콤한 듯 쓰디쓴 기억
– 이별을 마주하는 담담한 태도

모든 이별이 다 눈물겨운 것은 아니다. 현실적인 이별은 오히려 담담한 쪽이 아닐까 싶다. 드라마처럼 격한 서사를 가지고 있는 연인이 아닌 대부분의 평범한 연인들은 일상의 어느 순간순간에서 문득 이별을 예감하다가 오래전부터 발견되어 온 이별의 징조들이 정말 이별이 되어 버리는 과정을 겪게 되며 점점 더 헤어짐과 가까이 대면하게 된다. 조금씩 뜸해졌던 연락이, 대화와 대화 사이 길어지는 적막이, 서로를 바라보는 미지근해져 버린 눈빛이 서서히 이별이라는 결과로 압축되어 버리는 것이다.

어제까지만 뜨겁게 사랑했다가 내일부터 이별하자고 약속하는 연인은 드물다. 어떤 말로도, 예의나 매너로도 식어 버린 마음을 더 이상 숨길 수 없을 때 그런 상황이 더 불편한 사람이, 혹은 시간과 만남의 가성비를 중요시 여기는 사람이 먼저 이별이라는 단어를 뱉어 버린다. 그런 감정을 담담하게 그려 낸 가사가 있다.

휘인의 〈Bittersweet〉는 데모의 제목을 그대로 살렸다. 이처럼 데모에 붙어 나온 제목을 그대로 살려서 가사를 쓰는 경우도 꽤 많다. 휘인의 정규앨범의 결은 현실적인 내용을 그대로 담기보다는 추상적이고 몽환적인 키워드를 통해 표현하는 특징이 있는데, 이 가사도 그 범주에서 크게 벗어나지 않는다. 그러므로 가사를 쓰기 전에 가수가 그동안 어떤 결의 가사들을 채택하고 발매했는지 미리 찾아보는 것도 중요하다.

Bittersweet

노래: 휘인
작사: 문다은(MUMW)

verse1)
찰나의 순간만
남긴 채
진한 너의 향기가
점점 옅어져만 가
소란스런 마음과
달라진 시선만
우릴 맴도는 게
일상이 된 것 같아

pre-chorus)
채워지지 못한 마음이
달콤한 듯 쓰디쓰게 남아서 날 괴롭혀

chorus)
무얼 찾아
그토록 난
아파해야 했을까
결국 놓아야만 한단 걸
왜 몰랐던 걸까
같은 곳을
바라보다
흩어져 갈 것을

verse2)
흐르는 시간에
띄워 보내려 해

깊어진 상처조차
내 것이 아니었음 해
벌어진 틈새로
사라진 온기도
오롯이 우리 둘 사이
말하는 것 같아

pre-chorus)
비워내지 못한 마음이
달콤한 듯 쓰디쓰게 남아서 날 흔들어

chorus)
무얼 찾아
그토록 난
아파해야 했을까
결국 놓아야만 한단 걸
왜 몰랐던 걸까
같은 곳을
바라보다
흩어져 갈 것을
흩어져 갈 너를

이 곡은 벌스와 프리코러스 파트가 두 번 반복되는 구성으로 이루어져 있다. 내용적 구성을 살펴보면 1절 벌스에서는 권태기의 연인이 일상에서 마주했던 감정선에 대해 서술하고 있다. '소란스런 마음과/달라진 시선만/우릴 맴도는 게/일상이 된 것 같아' 로 미루어 짐작해 보면 가사 속의 연인은 권태기와 이별 사이에 걸쳐 있는 느낌이다. 서로를 향한 달라진 시선을 이제 일상처럼 그러려니 하고 담담하게 받아들이는 과정 속에 있다.

프리코러스에서는 제목이 'Bittersweet'인 이유를 명확히 드러내고 있다. 제목과 가사는 반드시 연관성이 있어야 하는데, 이 역할을 프리코러스가 주로 담당하고 있다. Bittersweet라는 키워드에 맞게 본인의 현 상황 속에서 달콤한 듯 쓰디쓰게 남아 있는 사랑과 이별의 기억과 감정을 차분하게 표현하고 있다. 가사를 쓸 때는 표현도 신경 써야 하지만 내가 쓰고 있는 문장이 멜로디의 결과 어울리는지도 반드시 체크해야 한다.

코러스는 두 번 반복되는 관계로 1절과 2절의 내용이 동일하다. 보통 코러스는 세 번 정도 반복되는 경우가 많다. 이런 경우엔 1, 2절의 코러스는 통일하고 3절에서 약간의 변형을 주는데, 이 곡은 2절까지밖에 없어서 변형 대신 통일을 선택하게 된 경우다. 이렇게 허무하게 흩어져 갈 것을 난 무엇을 위해 그렇게나 아파했을까 하는 감정이 멜로디의 결과 어우러져 공허한 느낌으로 표현되어 있다.

2절 벌스에서는 모든 상황을 되돌리기보다는 체념한 채로 이별을 받아들이기로 마음먹고 시간 속에 너를 띄워 보내려 한다. 사라진 온기과 달라진 눈빛의 우리를 계속 붙잡고 있어 봤자 달라지는 것이 없다는 것을 알고 있기 때문이다. '흐르는 시간에/띄워 보내려 해'는 '시간이 지나면 다 잊혀지겠지'라는 식상할 수 있는 표현을 신선하게 바꿔 서술했다.

이 곡의 가사는 Bittersweet라는 키워드에 맞게 휘인이 정규앨범에서 주로 보여 주는 몽환적이고 추상적으로 상황과 관계를 표현해 내는 특유의 가사 톤을 잘 담아내고 있다. 특정 가수의 곡을 작업하기 전에 그가 발매한 곡들을 찾아 공부하며 그동안 채택된 가사의 결에 대해서도 분석한 후 작업에 임하면 유리할 수 있다.

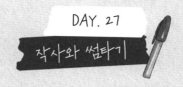

DAY. 27

작사와 썸타기

휘인의 다른 곡들도 찾아보고, 위에서 언급한 가수 특유의 가사 톤에 대해
생각해 보자.

• 파스텔

• water color

• 불꽃(Spark)

• Paraglide

DAY. 28

나쁜 이별 후
좀비처럼 죽지 않는 증오

세상엔 나쁜 이별이 많다. 함께 했던 시간에 대한 고마움을 나누며 서로의 행복을 빌어 주는 동화 같은 이별도 있겠지만 그렇지 못한 경우의 비중이 훨씬 더 크다고 생각한다. 사랑하니까 이별한다는 말에 공감하는 사람이 얼마나 있을까. 결국엔 대부분의 이별은 이런저런 핑계와 이유로 속마음을 가려 보아도 마음이 떠나서 하게 되는 경우가 대부분일 것이다. 남들 다 하는 보편적인 이별도 견디기가 쉽지 않은데 헤어짐의 이유가 상대방의 바람이나 배신이라면…. 직접 겪어 본 적은 없지만 아마 쉽게 사그라들지 않는 증오심에, 잠들지 않는 괴로움에 꽤 오랜 시간 고통스러울 것 같다. 그런 화자의 마음을 좀비로 표현한, 필자가 직접 작사에 참여한 곡이 있다.

2024년 4월에 회사 MUMW를 통해 재밌는 작업을 의뢰받았다.

남자에게 배신당해 이별한 여자의 증오심을 좀비라는 캐릭터에 비유해 써 달라는 리드 사항이었는데 평범하고 일상적인 이야기 보다는 때로는 이렇게 자극적인 소재가 K-POP 가사로 더 매력 있게 다가올 때도 있다. 이 곡의 작업은 전체적인 스토리와 키워드가 이미 주어진 상태에서 아이디어를 가사로 구현해 달라는 방식으로 의뢰를 받았는데, 이런 스타일의 작업 방식은 K-POP 분야에서는 이미 보편적이다. 작업 때 기획사로부터 주어졌던 스토리와 키워드는 다음과 같다.

1. 전체적인 스토리 라인

사랑하는 남자에게 배신당해서 심장이 없어진 좀비처럼 죽지 못하고 영혼 없이 살아가는 여자의 삶. 매일 밤 좀비처럼 누군지 모를 복수의 사냥감을 찾아 거리를 헤맨다.

2. 제시된 키워드

ZOMBI, 심장, 어둠, 복수

위 스토리와 키워드를 데모의 결에 맞게 자연스럽게 가사로 구현해 내려 노력했다. 에버글로우라는 팀은 매 앨범에서 항상 예상치 못한 새로운 캐릭터로 변신해 전 세계 팬들을 기대하게 만드는데 이번에는 좀비였다. 이 곡은 4월에 작업을 했지만 여름 발매 예정이었기 때문에 납량 특집처럼 팬들에게 더위를 날려 줄 오싹한 선물이 될 것 같았다.

제목처럼 이 곡에서 중점적으로 표현하고자 했던 사랑의 시점과 감정은 나쁜 남자와의 이별 후 좀비처럼 죽지 않는 증오심과 핏빛으로 멍든 마음, 불같이 일어나는 원망이다. 캐릭터와 노선이 분명한 포인트가 확실한 가사라고 볼 수 있다.

ZOMBIE

노래: EVERGLOW(에버글로우)
작사: 안영주, YOUNG(MUMW), 72 외

verse1)
[시현] 거릴 비춘 붉은 달
[시현] 초점 없는 내 Odd eyes
[시현] 핏기 묻은 입술에 감겨진 Feelings
[이런] 차가워진 Every night
[이런] 온기를 잃은 심장
[이런] 네 잔인했던 거짓말은 Kill me

pre-chorus)
[온다] Thanks to you Thanks to you
[온다] 깨지 못할 이 악몽의 밤
[아샤] Thanks to you Thanks to you
[아샤] 독한 증오로 멍들어가 Oh uh~

chorus)
[미아] I'm a Zombie
[미아] 망가져 가지만 피었지
[미아] Love me leave me
[미아] 독처럼 퍼지는 기억이
[시현] 어둠 속에 홀로 춤을 추는 이 불길
[시현] Never Dying
[시현] I'm a Zombie
[이런] Ra-Ri-Ra-Ri-Ra-Ri-Ra
[이런] Ra-Ri-Ra-Ri-Ra-Ri-Ra

[이런] Ra-Ri-Ra-Ri-Ra-Ri-Ra
[아샤] I'm a Zombie

verse2)
[미아] Darkness in my heart
[미아] 비틀대며 걷는 밤
[미아] 네 흔적을 찾아 헤매는 매일

chorus)
반복

bridge)
[온다] So cold So cold I'm dying~
[온다] Go insane
[온다] So far So far~
[아샤] So cold So cold I'm dying~
[아샤] Go insane
[아샤] So cry So cry~

※ 발매 전 받은 최종본이다. 녹음 때 쓰기 위해
멤버별 파트가 구분되어 있다.

1절 벌스의 시작 '거릴 비춘 붉은 달'은 핏빛의 이미지를 주고 싶어서 첫줄부터 붉은 달이란 단어를 배치했다. 그리고 '초점 없는 내 Odd eyes'는 좀비가 중심 키워드이지만 걸그룹 곡이기 때문에 흉측한 이미지가 아닌 신비로워 보이게 하고 싶은 의도를 담았다. 망가졌지만 아름다운 여자로 묘사해 달라는 리드를 반영한 것이다. '핏기 묻은 입술에 감겨진 Feelings'은 가이드 한글 가사를 그대로 살린 부분이다. 필자의 시안은 'Lipstick 대신 입술 위 얼룩진 핏빛'이었다.

1절 벌스 첫 번째 파트는 지금 이 장면의 상황과 화자의 좀비 같은 외관에 대해 묘사하는 데 공간을 활용했다. 그리고 두 번째 파트는 화자가 좀비가 될 수밖에 없던 상황에 대한 설명으로 가사 콘셉트의 이해 요소와 구성력을 갖춰 준다.

프리코러스 '깨지 못할 이 악몽의 밤'은 좀비의 특징이 극대화된 구간이다. 프리코러스에서는 전혀 안 고마운데 고맙다는 반어법적 표현을 배치해 증오의 마음을 더 극적으로 표현했다.

코러스에서는 망가졌지만 아름다운 여자의 이미지를 '기억이 피었다'라는 표현으로 간접 반영했다. '어둠 속에 홀로 춤을 추는 이 불길'은 어둠 속을 홀로 걸어 다니며 증오에 사로잡힌 여인을 묘사한 것이다. 그외 부분은 가이드 녹음본을 그대로 살렸다.

2절 벌스에는 좀비의 행동적 특성을 배치했다. 브릿지 파트의

'Go insane'은 원본의 영어 가사를 캐릭터와 내용에 맞춰서 바꾼 것이다.

특정 캐릭터를 차용해 가사를 쓸 때의 팁은 우선 그 차용된 캐릭터와 화자와의 공통점을 잘 찾아야 한다는 것이다. 〈ZOMBIE〉를 예를 들어 설명하면 좀비와 배신당하고 버림받아 증오에 사로잡힌 여자의 공통점은 다음과 같다.

1. 살아도 산 게 아닌, 죽은 사람처럼 영혼이 없다.
2. 물리적·심리적으로 매일 밤 지난 기억을 찾아 헤맨다.
3. 악몽에서 아직 깨어나지 못한 기분이다.
4. 몸과 마음이 심히 비틀거린다.
5. 바이러스 혹은 독이 퍼지듯 증오가 온몸에 퍼져 Go insane 상태가 지속된다.

이와 같은 포인트를 체크해서 꼼꼼하지만 자연스럽게 가사에 적용시키려 노력해야 한다.

좀 더 나아가서 좀비를 키워드로 다루었지만 시선이 조금 다른 곡을 찾아보고 캐릭터를 구현한 방식이 어떻게 다른지 비교해 보는 것도 좋다. 여기서는 DAY6(데이식스)의 〈Zombie〉를 예로 들

수 있다. 좀비 캐릭터를 차용한 가사지만 가수의 캐릭터와 곡의 분위기에 맞게 좀비를 표현해 내는 관점이 다른 것을 알 수 있다. 마치 같은 옷도 사람에 따라 다른 분위기로 입혀지듯.

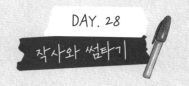

DAY. 28

작사와 썸타기

같은 캐릭터를 차용한 다른 두 곡의 가사를 분석해 보고 가수와 곡의 분위기에 따라 표현해 낸 관점의 차이를 생각해 보자.

엑소 〈Baby don't cry〉
르세라핌 〈The great mermaid〉

1. 위 두 곡에서 차용한 캐릭터는?

2. 캐릭터와 화자의 공통점은 무엇인지, 어떤 면을 사용했는지 정리해 보자.

3. 가수와 곡의 분위기에 따라 캐릭터를 표현한 관점에는 어떤 차이가 있었는지 정리해 보자.

DAY. 29

이렇게 힘들 줄 몰랐어,
이별

이별을 대하는 태도는 여러 가지가 있다. 상대방이 한 발을 떼기도 전부터 가지 말라고 울며불며 붙잡거나, 혹은 센 캐릭터를 구현하는 아이돌 그룹은 저주를 퍼붓기도 한다. 바보같이 착한 캐릭터가 잘 어울리는 그룹이라면 못 해 준 게 많아서 미안하다며 행복을 빌어주기도 한다.

일반적인 남성 캐릭터를 그린 남자 솔로나 그룹에서 자주 쓰이는 스토리 중 하나는 '이별 후에 너의 구속과 잔소리에서 벗어나 자유롭고 시원할 줄만 알았는데, 다른 사람들도 실컷 만나 보고 너와 함께할 때 못 해 본 것들 하면서 잘살 줄 알았는데, 한동안은 그랬던 것 같기도 한데, 한참이나 지난 지금 이렇게 힘들 줄 몰랐어. 후회와 그리움에 하루하루가 너무 힘들어'이다. 많이 쓰였기 때문에 자칫하면 식상할 수 있는 구성이지만 'Bills'라는 키워드로 신선하게 재해석한 가사가 있다.

Bills

노래: ENHYPEN
작사: "hitman" bang, RUM, YOUNG(MUMW) 외

intro)

_____

verse1)

pre-chorus)

chorus)

verse2)

pre-chorus)

chorus)

bridge)

이별을 표현해 내는 키워드로는 무척 생소해서 호기심을 자아낼 수 있는 소재이다. 영어 데모에 설정된 제목 자체가 'Bills'였는데, 그대로 발매 시안으로 쓰였다.

인트로의 'Sign'은 입에 착 붙는 발음이면서도 Bills라는 키워드와도 맞아떨어진다. 이런 단어를 센스 있게 잘 배치하는 것이 관건이다. 이후 'sign, price, time' 등 'ㅏ'로 끝나는 라임이 잘 정리되어 있다. 벌스에서는 달콤한 해방감마저 느껴지는 만족스러운 화자의 이별이 느껴진다. 구조별로 스토리를 쉽게 이해할 수 있게 적절히 내용이 잘 배치되어 있다.

하지만 이후 프리코러스와 코러스에서는 이별 후 문득 청구서처럼 날아든 연인의 빈자리, 아픔과 슬픔을 표현했다. 힘들 줄 몰랐는데 갑작스레 밀려온 아픔을 감당하는 화자의 상황을 'bills 위로/sign', '갚아야 할 사랑 위로 쌓여가는/time'이라는 신선한 문구로 표현하고 있다. 2절 벌스에서 화자의 현재 상황이 눈에 그려지듯 표현했다면, 프리코러스에서는 상황으로 감정을 보여 주고 있어서 밸런스가 좋다.

Bills라는 독특한 콘셉트답게 처음부터 마무리까지 콘셉트에 연결된 흥미로운 표현들로 채우려고 애쓴 흔적이 보인다. 이별의 값은 찢어진 마음과 눈물보다 비싸서 갚기가 힘들다. 그만큼 화자의 상태가 현재 이별로 인해 너무 힘들다는 의미인데 자칫 뻔하게 풀릴 수 있는 스토리를 다채로운 표현들로 신선하게 풀어냈다.

Bills라는 키워드는 작사가가 직접 정한 것이 아니라 데모와 함께 리드 사항을 전달받을 때부터 정해져서 나오는 것이기 때문에 이런 독특한 키워드로 가사를 써야 할 때는 '이별'과 '청구서'라는 뜻의 Bills를 어떻게 자연스럽게 연결시키냐가 관건이다. Bills는 독특한 명사형 키워드라고 볼 수 있는데, 명사형 키워드를 풀어낼 때는 낯선 것을 익숙하게 만들어 버리는 과정이 필요하다. 그 과정은 적절한 비유적 대상을 선정하는 것으로 가능하다.

그럼 작업 시 Bills라는 낯선 키워드를 이별이라는 익숙한 감정에 어떻게 적용시켜 나가는지 그 과정을 따라가 보자.

1. 이 곡의 키워드는?

Bills

2. Bills의 사전적 의미는?

계산서, 청구서

3. Bills라는 다소 낯선 키워드가 익숙해지게 하기 위해 끌어온 감정과 상황은?

이별 후 아픔과 그리움, 외로움이 청구서처럼 내 마음에 날아들어 감당하기가 힘들다.

4. Bills가 좋은 키워드인 이유는?

① 타 그룹에서 쓴 적 없는 신선한 키워드다. 요즘 많은 기획사에
   서는 신선한 키워드의 가사가 인기가 많다.

② 이별을 뻔하지 않게 표현할 수 있다.

③ 비유법이 적절히 사용된다면 가사의 완성도 또한 높아질 수 있
   다.

5. 이별 후의 아픔을 Bills에 비유해 표현한 궁극적인 한 줄은?

Sign, 갑작스레 재촉하는 bills 위로 sign

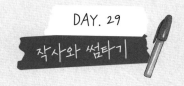

작사와 썸타기

'진공'이라는 낯선 단어로 사랑과 이별이라는 보편적인 감정을 가사로 구현해 낸다면 어떤 방식으로 할 수 있는지 각자 고민해 보자.

예시)
- 낯선 것: 진공
- 익숙한 것: 사랑의 감정과 눈빛이 시간이 지날수록 변해 가는 것
- 연결은 적절한 비유적 표현으로: 지금 이 감정과 눈빛에 시간이 닿아 바래지 않게 가둬둘래

5

디테일 설정하기

DAY. 30
설정된 디테일
찾아보기

이제 가사의 시점을 구체적으로 설정하고 묘사하는 것에서 좀 더 들어가 디테일을 설정하는 방법에 대해 알아보자. 이해를 돕기 위해 필자가 작사로 참여한 레드벨벳의 〈La Rouge〉 가사를 살펴보 겠다.

앞서 이야기한 대로 우선
1. 구성을 나눠 보고
2. 이 가사가 어느 시점을 이야기하고 있는지 생각해 보고
3. 표현이 뛰어난 부분을 각자 체크해 보자.

La Rouge

노래: 레드벨벳
작사: JQ, 문서율, 안영주, Mola (MUMW)

verse1)
Listen up
두 눈이 마주치면
표정에 설렘을 숨기지 못해
중력에 끌리듯이
(내게 넌 끌려)
눈길은 See me through
그 애타는 맘 느껴져

pre-chorus)
한 걸음 한 걸음
우리 둘 사일 좁혀가
눈빛으로 너를 Touch

chorus)
셋을 세면 빠져들어 빠져들어
너는 내게
어느새 넌 스며들어 스며들어
꿈처럼 깊게
밤을 수놓은 불꽃보다
더 붉게 타올라
기대해도 괜찮아
아름답게 Shining shining
For you babe
For you babe yeah
You're falling for me aaah

verse2)
내게 집중해
숨 막히게 (You know)
난 피어날래
너의 맘속에

새빨간 빛으로
너를 물들일래 곧
와인처럼 취하게 만들래

pre-chorus)
한 걸음 한 걸음
마주친 눈에 아득해
네 맘 아슬하게 Touch

chorus)
반복

bridge)
Yeah 'cause here we go babe!
화려한 그 눈빛 속에 비친
이 밤을 위한
Diamonds and red dress
이 순간 Focus on me
I'm gonna be,
I'm gonna be shining

chorus)
끝도 없이 빠져들어 빠져들어
너는 내게
틈도 없이 스며들어 스며들어
꿈처럼 내게
작은 불길이 번지다가
뜨겁게 태워가
Are you ready for tonight?
밤새도록 Shining shining

chorus)
반복

드라마만큼은 아니겠지만 가사를 쓸 때에도 디테일을 세심하게 설정해 두는 것이 좋다. 디테일을 가사에 일일이 나열하진 않지만 적어도 쓰는 사람 머릿속에 상황이 구체적으로 들어 있어야 가사에 자연스럽게 반영된다. 그렇게 되면 노래를 듣는 사람들도 그 상황에 함께 빠져들어 즐길 수 있는 가사가 나올 확률이 높아진다.

그럼 〈La Rouge〉 가사에는 어떤 디테일이 설정돼 있는지 하나씩 들여다보자.

1. 성별과 연령대는?

보통 가사에서 화자의 성별과 연령대는 가수의 성별과 연령대와 일치하는 경우가 많다. 이 가사 또한 그렇다. 20대 초중반 여성이 이 가사에서 설정된 연령과 성별이다.

2. 계절은?

이 노래는 레드벨벳의 겨울 콘서트 La Rouge 무대를 목적으로 만들어졌다. 직접적으로 겨울을 언급한 가사는 없지만 크리스마스 시즌을 포함한 연말 즈음으로 설정됐다.

3. 장소는?

무대에서 화려하게 부를 수 있는 가사를 의뢰받았기에 연말이나 크리스마스 파티에서의 상황을 그려 봤다.

4. 시간대는?

미드나잇 파티

5. 누구와 함께 있나?

떠들썩하게 많은 사람들이 모인 화려한 파티장이나 무대 위, 많은 사람들 속에서도 눈에 확 띄는 그 사람, 내가 갖고 싶은 그와 서로를 맴돌며 은근히 의식하고 있는 상황이다.

6. 분위기는?

멜로디의 무드처럼 화려하고 풍성한 파티 느낌이다.

7. 성격과 말투는?

레드벨벳처럼 아름다운 여성의 자신감 있는 태도, 적극적인 말투

8. 소품은?

화려한 파티인 만큼 와인과 레드드레스, 다이아몬드를 소품으로 설정했다. 실제로 레드벨벳은 공연에서 와인잔을 들고 반짝거리는 레드드레스를 입고 무대를 선보여 화제가 됐다. 가사에서 설정된 디테일은 실제로 가수의 무대나 안무에 영향을 주기도 한다.

36.5

노래: 숀
작사: JQ, 안영주 (MUMW)

verse1)
너의 체온 닮은
이 계절을 좋아해
네 숨결 같은
바람이 부니까
꼭 쥔 아이스라떼, 투명한 얼음
입 안에 녹아드는 설레임들

pre-chorus)
이렇게 눈부신 여름이 와
심장 소리에 리듬을 타
너의 뜨거운 품에 안긴 듯
Always
(Always Always)
더 멀리 여행은 필요 없어
너와 두 손을 잡은 순간
우리 발끝에서 펼쳐진 Ocean

chorus)
Baby, Don`t let go
너무 완벽한 이 순간
두 손에 땀이 차도 널 놓기 싫어 Oh
Baby, Don`t let go
365일 동안
우리 둘만의 끝이 없을 이 여름

verse2)
오후 두 시 같은
네 뜨거운 눈빛에
조심스럽던
망설임은 사라져
하얀 모래사장 위에 너와 나

일렁인 맘과 마음 사이로

pre-chorus)
저 푸른 파도가 밀려오고
그 속에 한없이 빠져들어
지켰던 선은 모래처럼 다 지워져
(No way, No way)
네게 한 발 더 다가가서
우리 두 눈을 마주치면
언제 어디서든
Summer paradise

chorus)
반복

bridge)
유난히 빛난
여름 밤 별빛들처럼
내 맘이 네게 쏟아지네
나의 모든 밤들이
열대야처럼 흐르네
내 품에 네가 있어

chorus)
Baby, Don`t let go
해가 저무는 밤에도
이 열기가 식지 않게 날 안아줘 Oh
Baby, Don`t let go
지금 모든 게 충분해
서로 어깨를 감싼 너와 나
나란히 걷는 너와 나
곁에 있어줄 너 하나면 돼

151

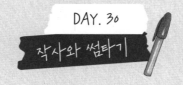

작사와 썸타기

손의 <36.5>로 한 곡 더 연습해 보자.

1. 성별과 연령대는?

2. 계절은?

3. 장소는?

4. 시간대는?

5. 누구와 함께 있나?

6. 분위기는?

7. 성격과 말투는?

8. 소품은?

정답
1. 20대 중후반의 남자
2. 여름
3. 근처에 카페들이 있는 시원한 해변의 거리
4. 오후 2시쯤 한낮에 만나서 해가 저무는 한밤까지의 데이트
5. 썸은 그만 타고 본격적으로 내 꺼 하고 싶은 그녀와
6. 신나고 밝지만 전형적으로 발랄한 여름 노래보다는 조금 톤 다운된 차분함
7. 부담되게 적극적이지는 않지만 그렇다고 소극적이지도 않은 눈치 있고, 조심스러운 배려가 있는 썸남
8. 여름 노래답게 아이스라떼, 투명한 얼음, 푸른 바다

152

6

사랑, 이별 말고 다른 거

DAY. 31

지친 삶에
따스한 위로 한마디

'88만원 세대', 'N포 세대'라는 말이 있을 정도로 청춘의 현실은 녹록치가 않다. 학력과 스펙, 알바에 인간관계까지 챙기느라 정말 몸이 열 개라도 모자랄 정도로 치열하게 사는데 손에 쥐는 결과는 노력에 비해 적은 것 같고 앞날은 불투명하다. 그래서 흔들리고 불안하지만, 그럼에도 불구하고 다시 힘을 내 오늘 하루를 성실하게 살아간다. 청춘들 자신 혹은 기성세대가 느끼는 미안함과 고마움의 공감대가 모여 청춘의 삶을 위로하는 곡들이 전보다 많이 만들어지고 있는 추세이다.

멜로디데이의 〈바빠 보여요〉는 처음부터 이 시대를 살아가는 청춘에게 따스한 위로의 메시지를 전하고자 만들었다. 바쁘게 살지 않으면 경쟁에서 뒤처지고, 생존 자체가 힘든 청춘의 어깨를 토닥여 주기 위한 가사이다.

바빠 보여요

노래: 멜로디데이(Feat. 정일훈 of 비투비)
작사: 북극곰, 김준오, JQ, 정일훈, 안영주, 최지혜, 김진주

verse1)
아침에 머리는 늘 헝클어져 있고
옷도 고를 여유 없이 잡히는 데로
찬물 한잔에 속을 달래며
하루를 시작해
늘 바쁜 하루 끝엔
늘 깊은 한숨만이
그날의 기분을 대신하겠죠

pre-chorus)
월화수목금토일
반복되는 일상
매일 밤마다
괜히 지치는 날 있죠
생각한 대로 산다는 게
쉽지는 않죠 음
힘에 겨워 잠시 동안
꿈을 잊게 된 거죠
그대도 그랬나요

chorus)
바빠 보여요 그대
쉼 없이 달려왔죠 그대
말을 아껴도 느낄 수가 있죠
괜찮은 건가요 그대
혼자 아파하진 않았을까
걱정돼요

rap)
계속 되지 어느 곳도
날 원하지 않는 삶이
온통 들떠 있는 느낌이야

눈치 없이 음악이
내 귓가에 날아와 붙어
슬슬 지쳐가지 다 큰 척
숨 참고 뛰어든 세상은 말해
고생은 지금부터
I wanna get some rest
I wanna go back in time
마음껏 눈물 흘려도 되는 곳이
그렇게 흔하진 않겠지만
적어도 내 품에 안긴 채로는
맘껏 적셔도 돼
더 힘들 거야
그래도 언제나 니 곁엔
Someone like me

chorus)
반복

bridge)
혼자라 느껴질 때 그땐
내 손을 잡아요
나도 그런 적이 있죠
이 순간은 잠깐일 뿐야
괜찮아요 알고 있죠
충분히 그댄 잘하고 있죠

chorus)
빛날 거예요 그대
숨차게 달리던 어느 날
버텨온 날들 알아줄 거예요
다 잘 될 거예요 그댄
항상 내가 곁에 있을게요
고마워요

155

그런 의미에서 '바빠 보여요'라는 제목은 대표성을 지닌 아주 적절한 제목이라고 생각한다. '아침에 머리는 늘 헝클어져 있고/ 옷도 고를 여유 없이 잡히는 데로/찬물 한잔에 속을 달래며/하루 를 시작해' 앞에서 눈에 그려지듯 써진 가사가 좋은 가사라고 언급 했다. 벌스의 가사를 읽으면 바쁜 청춘의 아침이 눈에 그려지듯 선 하다.

그룹 비투비 멤버 정일훈이 쓴 랩 파트 '숨 참고 뛰어든 세상은 말해/고생은 지금부터'는 지금도 충분히 힘든데 이 힘듦이 언제 끝날지 모르겠고 앞으로가 더 고생일지 모른다는 불안감을 표현 하고 있다.

코러스에선 '말을 아껴도 느낄 수가 있죠/괜찮은 건가요 그대' 로 브릿지에선 '혼자라 느껴질 때 그땐/내 손을 잡아요'라는 가사 로 이 불안함을 따스한 위로로 안아 주며 마무리한다. 마지막 코러 스에서 '빛날 거예요 그대/다 잘 될 거예요 그댄'이라는 가사로 위 로를 넘어 희망과 용기를 불어넣어 주고자 했다.

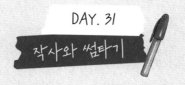

작사와 썸타기

위로의 메시지가 담긴 가사의 제목과 콘셉트를 잡아 보자.

DAY. 32

응원해
나의 두 번째 시작!

살면서 우리는 끝없이 새로운 시작을 하게 된다. 사소하게는 '오늘 부터 아침에 일어나서 30분씩 운동을 할 거야!' '핸드폰 보는 시간을 한 시간씩 줄이고 그 대신 책을 읽어 봐야지'도 훌륭한 시작일 수 있다.

첫 번째 시작이 뭔가 불완전한 상태로 마무리됐다고 해서 자책하며 포기할 필요는 없다. 시작은 언제든지 얼마든지 또다시 하면 된다. 시작이 한 번뿐이라는 규칙은 어디에도 없다. 내 삶을 원하는 대로, 그리던 대로 이루어 나가기 위해서라면 어떤 시작이든, 몇 번째 시작이든 다 괜찮다고 믿는 편이다.

일이 뜻대로 되지 않는다고 해서 중도 포기하는 것보다는 앞서 경험했던 시작들에서 배운 것을 바탕으로 아픈 기억은 훌훌 털고 새로운 시작을 하는 것도 용기 있고 멋진 일이라고 생각한다. 그래서 새로운 시작점에 서 있는 모두에게 응원을 보낸다. 이런 마음과 닿아 있는 필자가 직접 작사로 참여한 곡이 있다.

Here We Go Again

노래: 지니
작사: 안영주, Ji-turn(MUMW)

verse1)
시간을 돌려 다시 걸을 time
신발 끈을 세게 조여 tight
급할 필요 없어 느낌 따라
내 마음 따라
익숙해도 조금 낯선 길
흘러가는 계절 속 바뀐
같지만 다른 길을 keep on walkin'
Yeah I keep walking

pre-chorus)
But nobody, nobody, nobody,
nobody knows how I'm feelin'
Yeah, you got me, you got me, you
got me, you got me at my weakest

chorus)
Like, damn
Here we go again
This story never ends
두 번째 my last chance
다쳐도 나는 다시 all in
Like, damn
Here we go again
찬란히 빛난 pain
위로 피어나는 dance
아파도 제자리로 back in
Like, damn

verse2)
이 길의 끝을 알 수 없대도
난 걸어 갈래 조금 더 위로
처음으로 돌아가면 어때 alright
괜찮아 alright

pre-chorus)
But nobody, nobody, nobody,
nobody knows how I'm feelin'
Yeah, you got me, you got me, you
got me, you got me at my weakest

chorus)
Like, damn
Here we go again
This story never ends
두 번째 my last chance
다쳐도 나는 다시 all in
Like, damn
Here we go again
찬란히 빛난 pain
위로 피어나는 dance
아파도 제자리로 back in
Like, damn
Whoo!
Whoo!
Whoo!

159

벌스에서는 새로운 시작점에 서 있는 화자의 현 상황을 묘사했다. '시간을 돌려 다시 걸을 time/신발 끈을 세게 조여 tight'에서 2단 라임을 활용해 행동으로 감정을 표현했다. 코러스는 새로운 시작을 하는 화자의 다짐이 반영된 부분으로 '두 번째 my last chance' 는 이 곡의 핵심 메시지다. 프리코러스는 영어 데모를 그대로 살렸다. 요즘 K-POP은 영어 대본이 주어지는 경우가 많은데, 의미가 연결되고 입에 잘 맞는 부분은 이렇게 통으로 살려서 쓰기도 한다.

1. 이 곡의 키워드는?

Here we go again

2. 키워드의 의미는?

다시 시작해 보자.

3. 이 키워드가 선택된 이유는?

우선 데모의 제목이기도 했고, 데모가 그대로 가사의 제목이 되어 나오는 경우가 많다. 데모 가사의 제목이 주제와 어울린다면 발음 상의 이유도 있고 굳이 바꿀 필요가 없다.

4. 키워드가 구현된 방식은?

문장형 키워드는 그 문장을 코러스에서 반복해서 쓰는 것으로 다 짐이나 마음의 상태를 표현한다. 벌스에서는 상황을 눈으로 그려 지듯 보여 주는 방식으로 구현한다.

문장형 키워드는 다소 익숙하고, 이미 K-POP의 소재로 많이 이 용되고 있다. 따라서 그 안에서 가수의 특징을 살리고 리드 사항에 맞는 상황을 벌스에서 차별화시켜 보여 주어야 한다. 이 과정을 실 패하면 어디서 많이 본 너무 뻔한 가사가 되어 버린다.

5. 가수의 캐릭터를 반영한 부분은?

춤으로 유명한 지니의 장점을 살린 '찬란히 빛난 pain/위로 피어 나는 dance' 부분에서 자연스레 이야기의 서사와 더불어 캐릭터 를 좋은 면으로 부각시켰다.

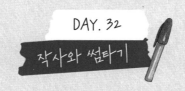

작사와 썸타기

NCT DREAM의 <We Go Up>에서 'we go up'이라는 키워드가 가사 안에서 차별화되어 구현된 과정을 위와 같이 분석해 보자.

1. 이 곡의 키워드는?

2. 키워드의 의미는?

3. 키워드가 구현된 방식은?

4. 가수의 캐릭터를 반영한 부분은?

DAY. 33

시련의 극복

시련 없는 삶은 없다. 남녀노소를 불문하고 누구나 자기 앞에 놓인 크고 작은 시련을 극복하며 살아간다. 산다는 것 자체가 시련을 하나씩 해결하고 극복해 가는 과정이 아닐까 싶을 정도로 시련은 늘 우리 곁에 있다. 하나의 시련이 지나가면 곧 또 다른 시련이 우리를 찾아온다. 나만 그런 게 아니라 타인의 삶도 그렇다고, 그냥 삶 자체가 그런 거라고 받아들이면 오히려 편안해지는 것 같다. 요즘 가사의 트렌드는 시련에 대한 비장함과 결의를 드러내는 것보다 차분하고 담담하게 이 시기를 잘 견뎌 보자는 자세인 듯하다.

지나갈 테니

노래: EXO
작사: 박지희 (MUMW), JQ

verse1)
익숙하겠지 또다시
감기처럼 툭 걸린
밀려드는 잿빛에
수없이 지나쳐도 여전히

pre-chorus)
참아내야 해
지나갈 테니 지나갈 테니
잠깐이면 돼
지나갈 테니 지나갈 테니
지나갈 테니 이미

chorus)
회색 빛 하늘 위엔
분명히 더 밝은 빛이
먹구름 걷힌 뒤엔
눈부시게 빛날 테니
You shine like the stars
You light up my heart
오늘의 시련 끝엔
찬란하게 나를 비춰
Dadada Dadada Dum
Dadada Dadada Dum

verse2)
정신 차리고

다시 일어나 툴툴 털고
더 이상 나에겐 고통은
스쳐가는 소나기

pre-chorus)
모두 참아내야 해
지나갈 테니 지나갈 테니
잠깐이면 돼
지나갈 테니 지나갈 테니
지나갈 테니 이미

chorus)
반복

bridge)
이게 끝은 아니겠지
더 짙은 날도 있겠지
그날의 끝에도 너는
이렇게 비춰주겠지

rap)
눈부신 빛을 가린 먹구름 뒤 해
변함없이 넌 나를 비추네 영원해
고요한 공기 따뜻한 바람도 함께
거기 그대로 있어 항상 같은 자리에
Yeah

chorus)
반복

EXO의 〈지나갈 테니〉는 우선 멜로디가 너무 고급스러운데 따스하다. '고급스럽다'와 '따스하다'는 서로 그다지 어울리는 단어는 아니지만 노래를 들어 보면 무슨 말인지 알 것이다. 감싸 주는 듯한 느낌의 멜로디에 붙여진 '참아내야 해/지나갈 테니 지나갈 테니/잠깐이면 돼/지나갈 테니 지나갈 테니'라는 가사를 들으며 '그래 제발 빨리 좀 지나가라'고 혼잣말을 했던 것 같다.

'지나갈 테니'라는 다섯 글자가 베이글 위에 바른 크림치즈처럼 멜로디 위에 폭신하게 잘 얹어졌다. 작사는 글 자체를 퀄리티 있게 쓰는 것도 물론 좋지만 단어와 멜로디가 부드럽게 결합되도록 쓰는 것도 그에 못지않게 중요하다. 이 가사에서 자주 반복되는 '지나갈 테니'가 딱 제자리를 찾아 자리 잡고 있다.

코러스의 'You shine like the stars/You light up my heart' 이 부분도 멜로디와 발음, 전달하고자 하는 의미가 잘 매치됐다. 이 부분을 듣고 있으면 정말 눈부시게 반짝거리는 느낌이 든다.

가사에 특유의 색감을 주는 것은 듣는 이의 상상을 자극하기에 좋은 방법이라고 했다. 이 가사는 '밀려드는 잿빛, 회색 빛 하늘, 먹구름'으로 인해 전체 톤이 짙은 회색빛이다. 1절 벌스의 '밀려드는 잿빛'으로 인해 시작부터 배경 설정이 차분하게 이뤄졌다. 사실 잿빛과 회색빛, 먹색은 의미가 거의 같은 말이다. 하지만 똑같은 단어를 지루하게 반복하지 않고 비슷한 다른 말과 함께 섞어 써 각각의 단어가 가지고 있는 질감을 적절히 잘 사용했다.

'이게 끝은 아니겠지/더 짙은 날도 있겠지/그날의 끝에도 너는/이렇게 비춰주겠지' 가장 좋은 한 줄을 고르라면 여기다. 시련을 대하는 '에티튜드'마저도 엑소답게, 고급스럽게 만들어 주기 때문이다.

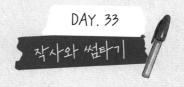

DAY. 33
작사와 썸타기

시련을 잘 극복하자는 메시지가 담긴 가사의 제목과 콘셉트를 잡아 보자.

DAY. 34

한계를 극복해 내는
청춘의 이야기

청춘은 생의 어느 시기보다 찬란히 빛나는 동시에 아무것도 손에
쥔 것이 없고 삶의 방향도 정해지지 않아 불안하다. 빛과 어둠을
동시에 지니고 있다. 그래서 더 아프고 아름다운 것이 아닐까. 이
런 청춘의 이야기도 K-POP의 소재로서 꽤나 매력적이다.

청춘의 이야기가 힙하게 그려진 가사가 있어서 소개해 주고 싶
다. 다만 이 가사의 저작권 승인이 쉽지 않아서 이 책에는 싣지 못
했다. 아쉽지만 본 가사는 직접 필사해 보며 이야기해 보자.

Swipe(Prod. C-Young, Alawn)

노래: 태용(TAEYONG), 텐(TEN)
작사: YOUNG(MUMW)

verse1
_____
_____
_____
_____
_____

pre-chorus
_____
_____
_____
_____
_____
_____
_____
_____

chorus
_____
_____
_____

verse2
_____
_____

pre-chorus
_____
_____
_____

chorus
_____
_____
_____
_____
_____
_____
_____

bridge
_____
_____
_____
_____

이 곡은 〈스트릿우먼 파이터 2〉라는 프로그램에서 NCT의 리더 태용과 텐이 불러서 많은 화제가 되었던 곡이다. 가사의 반이 랩이라 작사가 지망생 입장에서 보면 필사하며 랩에 라임을 짜서 넣는 방법과 랩 가사와 멜로디 파트를 적절히 섞어 넣는 구성법 등을 경험해 볼 수 있는 장점이 있다.

벌스가 거의 랩으로 짜여져 있는데, 구조적으로 이 파트에서는 짙은 어둠을 찢고 나오는 청춘의 도약에 대해 그리고 있다. 어둠 속에 갇혀서 움츠러들지 않고 나침반이 가리키는 곳을 따라가다 보니 드디어 터널을 벗어나고 있다는 청춘의 에너지와 패기를 벌스에서 보여 주고 있다.

프리코러스에서는 경계와 한계를 넘어 드디어 마주한 빛에 대해 이야기하고 있다. 프리코러스의 길이가 다른 파트보다 많이 짧지만 랩이 끝나고 멜로디로 넘어가는 중간 지지대 역할을 충실히 해 주고 있다. 더불어 '높게-Pompeii-all day'로 이어지는 센스 있는 3단 라임이 듣는 재미를 배가시켜 준다.

코러스에서는 'Swipe Swipe Swipe' 하며 핵심 키워드를 반복하고 있는데, 이로 인해 리스너에게 이 파트에서 귀에 감기는 중독적인 요소를 만들어 주고 있다. 다소 추상적인 내용의 가사지만 공간적 배경이 어둠에서 터널 그리고 그곳을 벗어나 빛이 있는 새로운 세계로 진입한다는 3단 구성으로 짜여져 있어 감정과 상황의 변화를 공간적 배경의 변화로 보여 주고 있다.

코러스에서 제일 좋아하는 가사는 불을 끄고 눈을 뜨고 있는 상황을 묘사한 라인인데 대조법적인 표현을 통해 대비 효과를 노린 부분이라서 개인적으로 신의 한 수라고 생각한다. 새롭게 이어지는 통로로 신세계로 간다는 표현은 그동안 NCT가 가사에서 보여 주었던 톤과도 맞아떨어져서 외부 곡과 NCT 사이의 이질감을 덜어 주는 역할을 하고 있다.

〈Swipe〉를 통해 손끝에 펼쳐진 그림은 자신의 생을 열심히 살아가는 많은 청춘이 어둠을 벗어나려는 몸부림 끝에 닿고 싶은 이상적인 세계를 구현한 것이 아닐까 상상해 본다.

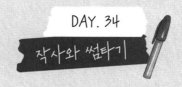

작사와 썸타기

청춘의 꿈과 불안을 그린 다른 노래의 가사도 찾아보고 가사를 자세히 들여다 보자.

예시곡)
TXT(투모로우바이투게더) <물수제비>, <Blue Spring>

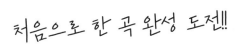

처음으로 한 곡 완성 도전!!

DAY. 35
설정하기
& 완성하기

지금까지 가사에 대해서 상황별로 구체적으로 분석해 보았다. 공부한 것들을 다시 한 번 충분히 숙지하고, 본격적으로 나만의 가사를 설정해서 완성해 보자.

설정하기
예시) 팝송 개사곡 〈알레르기〉(211쪽 참고)

1. 주제 정하기
원하지 않은 이별을 하게 된, 남겨진 사람에게 나타나는 후유증

2. 사랑이라면 시점 정하기
이별 후 (직후는 아니고 한 달쯤 후)

3. 제목 정하기

알레르기

4. 내용 메모

 알레르기는 나와 맞지 않는 물질이 몸 안에 침투했을 때 면역반응을 일으키는 것이다. 정확한 이유를 모르는 경우도 많고, 설령 안다고 해도 고치기란 쉽지 않다. 약을 먹어도 그때뿐이다. 눈물, 충혈, 재채기, 두드러기 같은 증상이 나타날 수 있다. 알레르기처럼 내가 원하지 않은 이별이 마음에 침투했을 때 나타나는 후유증인 눈물, 두드러기처럼 마음에 돋아나는 그리움 등을 알레르기 증상과 대비시켜 표현해 보자.

5. 화자의 태도 정하기

이별했지만 여전히 네가 아프고 생각나고 그립다.

6. 디테일 설정하기

이별한 지 한 달 쯤 되는 20대 중후반의 남자
멍하니 집에만 처박혀 있음
암막 커튼이 쳐져 있어서 집이 늘 밤처럼 어두움
불면증에 시달림
식사를 자주 거름

한숨이 습관이 됨

문득문득 눈물이 나고 그로 인해 자주 눈이 충혈됨

혹시나 하는 마음에 손에서 폰을 놓지 못함

벨이 울릴 때마다 혹시나 하는 기대로 폰을 들지만 기다리는 전화
는 오지 않음

한동안 장을 보지 않아 냉장고를 열면 맥주 몇 캔과 생수밖에 없음

문 앞에 잔뜩 쌓인 택배, 우편물

끊었던 담배를 서랍 깊숙한 곳에서 애써 찾아 꺼냄

잠이 오지 않아 불 꺼진 방에 TV를 틀어놓고 멍하게 있는 시간이
많아짐

위와 같은 설정들을 바탕으로 쓴 가사는 211쪽에 팝송 개사곡으
로 실려 있다.

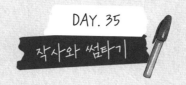

작사와 썸타기

앞에 설정된 내용을 바탕으로 자신만의 가사 한 곡을 무작정 완성해 보기!
데모가 없다면 평소에 좋아했던 기존 곡에 가사를 바꿔 보는 방식도 괜찮
다. 가사가 점점 산으로 가는 것 같아도 우선 포기하지 않고 끝까지 완성하
는 것이 포인트!!!

Part 4

가사
다듬어 보기

1

재단하기

DAY. 36

시작의
몇 가지 방법

제목을 잘 짓는 것이 첫 번째 미션이었다면 시작을 잘하는 것은 두 번째로 중요한 미션이다. 한 데모에 다수의 작사가들이 경쟁해야 하는 시스템에서 좋은 제목과 좋은 시작은 어쩌면 너무 당연한 덕목일지도 모르겠다.

① 말을 건네듯 (예시에 있는 곡들은 한 번씩 찾아 꼭 들어보자.)
너의 체온 닮은 이 계절을 좋아해 → 숀 〈36.5〉
나도 참 이해가 안 돼 정말 끝났다고 생각했는데
→ 유민 〈이별 끝에도 여전히 너야〉
장점: 화자의 생각과 상태가 어떤지 바로 캐치할 수 있고, 이 뒤에 어떤 상황이 올지 호기심을 유발한다.

② 상황에 대한 묘사로

깊게 깔린 어둠 속 빛을 본 것 같아 → 강다니엘 〈Touchin´〉

많은 사람들 속 Senorita → VAV 〈Senorita〉

두 눈이 마주치면 표정에 설렘을 숨기지 못해 → 레드벨벳 〈La Rouge〉

장점: 가사를 들으면 머릿속에 장면이 구체적으로 그려지게 해서
시작부터 그 상황에 빠져들게 한다.

③ 물음표로 시작

아마 모르겠지? 처음 본 날 네 앞에서 티 안냈지만 → 8Turn 〈ING〉

이상하지? 낯선데 익숙한 기분 → 숀 〈To Be Loved〉

장점: 답을 궁금하게 만들어 다음 상황을 좀 더 집중해서 들을 수 있게
한다.

④ 생각을 툭 던지듯

사랑 참 어려워 나도 나를 잘 몰라서 → 2am 〈사랑 그런거〉

아름다운 건 피고 져요 → 서인영 〈눈을 감아요〉

장점: 보편적으로 공감대가 높은 생각을 가사의 특정한 상황과 감정에
대입시켜 둘의 상관관계에 대해 고민할 수 있는 여지를 만든다.

DAY. 37

프리코러스
쓰는 방법

필자가 작사로 참여한 곡을 예로 들어 설명하겠다. 숀의 〈36.5〉는
(24쪽 가사 참고) 벌스에서 제목의 이유와 여름이라는 계절적 배경
을 스케치하고 있다. 프리코러스는 벌스의 계절감을 이용해 한층
더 깊게 화자의 감정을 묘사하고 있다.

벌스에서는 혼자 설렘을 느꼈다면 프리코러스에서는 그녀의 품에
안긴 듯한 느낌에서 더 발전해 손을 잡는 것까지 관계가 형성됐다.
여기서 더 들어가 두 번째 프리코러스는 선도 없어지고, 눈을 마주
치면 둘의 파라다이스가 열린다며 감정이 점점 꽃을 피워 나가고
있다. 이와 같이 프리코러스에서는 벌스의 스토리를 한층 더 진전
시켜 나가는 동시에 뒤의 코러스와도 연결점이 돼야 한다.

DAY. 38

코러스
쓰는 방법

코러스에서는 벌스와 프리코러스에서 펼쳐 놓은 이야기를 정리해야 한다. 벌스와 프리코러스가 원인이라면 코러스는 결과이다. 이 곡의 코러스에서도 벌스와 프리코러스에서 점차적으로 깊어진 감정이 정점을 찍고 있다(24쪽 가사 참고). '너로 인해 이 여름이 완벽해졌고, 너 하나면 충분하고, 이 순간이 끝이 없었으면 좋겠다'라고 결론을 맺는다. 벌스의 설렘과 프리코러스의 탐색과 경험을 코러스에서 하나의 발전된 관계로 귀결시키고 있다.

보통은 이 곡처럼 코러스가 세 번 이상 반복될 경우 마지막 코러스는 틀에 크게 벗어나지 않는 선에서 변경해 준다. 이 노래는 멜로디도 살짝 변형이 됐지만 그렇지 않은 경우도 지나친 반복에서 오는 지루함을 방지하기 위해 살짝 변경해 주는 것이 좋다.

DAY. 39

브릿지
쓰는 방법

브릿지에는 서사의 우선순위에서 밀려나 본 가사에서 풀지 못한 스토리를 채워 넣는 다락방 같은 공간이다. 잘 활용한다면 다락방처럼 꿀이란 말이다. 이 곡에서는 브릿지를 객원 여자 보컬이 부르기로 예정돼 있었으므로 화자의 상대방인 여자의 마음을 이야기해 보고자 했다. 브릿지를 쓸 때 주의할 점은 딱 하나!! '할 말이 없어서 했던 말 또 하고 또 하는구나'라는 느낌이 안 들게 써야 한다. '안 그래도 이 이야기 버리기 아까웠는데 너무 다행이다'라는 느낌으로 브릿지를 사용하면 좋다(24쪽 가사 참고).

DAY. 40

라임 맞추기

노래를 들을 때 귀에 쏙쏙 잘 들어온다는 느낌이 들 때가 있다. 그건 라임을 잘 맞춘 덕분일 가능성이 높다. 반복되는 라임의 가사를 들으면 소위 '귀에 확 박히는' 경험을 할 수 있다. 가사는 듣는 글이다. 라임이 리듬에 맞게 잘 짜여져 있으면 같은 내용의 가사도 좀더 귀에 잘 들어오고, 반복적으로 들리는 패턴이 듣는 재미를 더해준다. 이런 요소들은 곡에 확 빠지게 해 무한반복하게 만든다. 생각보다 라임이 가지고 있는 힘은 크다.

라임은 멜로디나 리듬이 반복되는 구간의 자음과 모음을 비슷하게 맞추면 된다. 자음까지 맞추는 게 여건상 힘들다면 모음이라도 비슷하게 맞춘다. 요즘 나오는 아이돌 곡의 추세는 라임을 되도록 딱 맞추면서 가사의 의미도 재치 있다. '발음'과 '의미'라는 두 가지 니즈를 모두 다 충족시켜야 한다. 라임을 딱 맞추면서 가사까지 센스 있기는 쉽지 않다. 하지만 그런 가사를 찾았을 때 혹은 써 낸을 때 느끼는 짜릿함은 그만큼 크다. 그러므로 라임이 잘 맞춰진 다른 곡들을 찾아서 분석해 보고, 내 가사에 바로 적용할 수 있게 연습하는 과정이 필요하다. 가사에서 완성도 높은 라임은 옵션이 아니라 필수 조건이기 때문이다.

에버글로우의 〈SLAY〉를 예로 들어 보자.

1절 벌스에서 'now, right'으로 라임을 맞추고, 'Steady, Ready'로 'ㅔ, ㅣ' 발음으로 맞추었다. 또 'Makin´, Comin´'의 라임을 맞추었다. 'wow, Loud'도 라임을 맞췄다. 'Dark Night' 역시 위의 'now, right'와 멜로디가 같아서 라임도 맞추었다. 그리고 'Damage, savage'는 위아래 발음과 라임 다 맞춰 쓴 부분이다.

프리코러스에서는 'Here, Deal'로 라임을 맞추었고 '미지의 세계, Chandelier'가 '에' 발음을 통일했다. 한국어와 영어 라임도 이렇게 섞어서 맞추는 경우도 많다.

코러스에서는 'girls, pearls' 부분을 맞추었고 'Cool, rules, attitude'는 'ㅜ'로 발음을 통일한 삼단 라임이다.

2절 벌스에서는 '살아나'에서 '살아가'로 바레이션 겸 라임을 맞추었다. 'Key, Free' 'crown, time' 'Real, kill'도 맞춘 부분이다.

〈SLAY〉 가사지의 라임이 들어간 부분에 직접 동그라미 표시를 하며 곡을 들어 보자.

SLAY

노래: 에버글로우
작사: 지수정(MUMW), Andy Love, Lauren Dyson, 72

verse1)
SLAY
Yeah Yeah OK
Get out your seats now
저 어둠 So damn dangerous
무심하게 길을 비켜 All right
여기 우주 속의 Steady
깃발 들어 Ready
Oh oh oh oh
Makin' them Makin' them
Makin' them wow
Oh oh oh oh
Comin' in Comin' in Comin' in
Loud
끝없는 Dark Night
차차 알게 될 Damage
Baby, I'm a savage

per-chorus)
Me and my girls
We about to blow your mind
Every time
Yeah yeah 정복해 Here
Yeah yeah 시작해 Deal
Further 미지의 세계
밝혀줄게 Chandelier

chorus)
Na na na na na na na

All my girls slay
Na na na na na na na
Eyes on us nobody does it
better
Yeah Light it ups all my girls
feeling on top of the world
The way we move it side to
side
we shining like diamond and
pearls
Na na na na na na na
We all bout to show you
how
All my girls slay
Slay Slay Crazy Sexy Cool
Slay Slay We born to break
the rules
Slay Slay We got that
attitude
Slay Slay Everyday

verse2)
난 고통의 끝에서 새롭게 살아나
이것이 나만의 Key (Key)
저 파멸의 끝에서 뜨겁게 살아가
이것이 나만의 Free (Free)
You know that? I'm the
crown (yeah)

So don't you waste my time
(yeah)
I'm keeping it Real I'm
keeping it Real
I'm keeping it's killer tonight

per-chorus)
반복

chorus)
반복

bridge)
Find me 짙은 안개 속
난 알아 이것이 곧 Good thing
난 원해 Time for the chance
나만의 Pace
더 높이 올라가고 싶어
멀리 날도록
Gotta go, I'm doing what I
want
I'm never gonna stop
내가 꿈꾼 세계
Slay (yeah)
Slay (yeah)
Slay (yeah)
We came here to SLAY
/반복 생략

Heart Stop

노래: 태민 (Feat.SEULGI of Red Velvet)
작사: JQ, 김진, Mola(MUMW)

verse1)
의미없는 숨만 고르고 있어
같은 공간(속) 딴 세상의(너)
먼 곳으로 던진 시선 나를 비[껴가]
깊은 정적만 선명히 들[려와]

chorus)
이젠(heart) stop《beating》
멈춰(버)린《feeling》
너와 난(heart) stop《beating》
식어(버)린《feeling》

verse2)
하나둘씩 흐려진 널 느껴놓고
난 아무것도 못 본 척널 안았어
Oh 투명하게 다 비쳤었던
너의 생각이 도저히 읽혀지지 않아

chorus)
다른 시간 속을 걷듯((낯선 우리))
또 어긋나는 눈빛((한숨 소리))
볼륨을 꺼버린듯 또 다시 온
적막이 너와 날 너와 날 가둬

bridge)
세게 안아도 설레지 않고
내일 뭘할 건지도 궁금하지 않잖아
{시간을 돌려도} 난 {막을 수 없고}
{시간을 멈춰도} 너를 {잡을 수 없어}

chorus)
반복

bridge)
이쯤에서 끝내자 하고
멋지게 뒤돌아서도
이상할 게 없는 이 상황
누군가 하나 독해져야만 해
더 물러날 수 없는 맘
더 미룰 수 없는 말
더 끌지 않기로 해
좁힐 수 없을 만큼 다른 시간

chorus)
반복

◯ 발음이 유사한 모음 '오', '어'로 맞춤
[ ] 모음을 '여'와 '아'로 맞춤
( ) '헐'과 '버'로 모음을 '어'로 맞춤
《 》 모음을 '이'와 '잉'으로 맞춤
(( )) 4글자 모두 모음을 비슷하게 맞춤
__ 같은 단어반복
{ } 대구처럼 라임을 맞춤
〰 비슷한 단어 사용

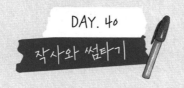
DAY. 40
작사와 썸타기

한 곡 더 라임이 들어간 곳에 괄호를 넣어 찾아보고 분석해 보자. 평소에
즐겨 듣는 다른 곡들의 가사에서도 라임이 들어간 곳을 찾아보자. 그 후에
본인의 가사에 적용해 본다.

2

수정하기

DAY. 41

단어
필터링

처음에 가사를 쓰기로 마음먹고 노래를 듣다 보면 분명 한국어 가
사인데 외국어처럼 들릴 때가 있다. 현실 가사도 많이 있지만 가사
에서 선호하는 단어나 표현들은 아무래도 일상어와는 거리가 있
어서 마치 새로운 언어를 배우는 느낌으로 '가사어'에 적응하는 노
력이 필요하다. 많이 들어 보고, 많이 찾아보고, 많이 적어 보자.

일상어를 가사어로 필터링한 예시

일상어	가사어
너를 봐	나의 시선 끝의 너 나의 눈에 비친 너
네가 점점 좋아지고 있어	너의 생각이 밀려들어 너의 눈빛이 내 맘에 번져가
너를 닮아가	너의 색으로 물들어
너에 대해 알고 싶어	너의 세상으로 날 데려가 너란 차원으로 넘어가

| 너와 함께 있고 싶어 | 너의 숨결에 잠기고 싶어
너란 시간 속을 걷고 싶어 |

일상어를 가사어로 바꾸는 연습을 해 보자.

① 네가 보고 싶어 →

② 네가 점점 멀어지는 것 같아 →

나만의 가사 단어장 만들기

개그 프로에 유행어가 있듯 가사에도 시대의 흐름에 맞게 자주 쓰이는 특정 단어들이 있다. 요즘 노래의 가사를 들여다보면 이 노래 저 노래에 반복해서 쓰인 몇몇 단어들을 쉽게 찾을 수 있다. 심지어 너무 많이 쓰여서 가끔 '이 단어는 빼 주세요' 하고 디렉션이 오는 경우도 있다. 많이 쓰이는 단어라 식상해 보일 수 있지만, 또 쓰다 보면 이보다 더 찰떡인 대체 단어를 찾기도 쉽지 않다. 또한 익숙한 단어를 새로운 콘셉트로 풀어낸다면 신선함의 효과 또한 극대화될 수 있다.

단어를 고를 때 매번 똑같은 것만 쓰지 말고 좀 더 범위를 넓혀 보자. 비슷비슷한 뜻과 느낌의 단어들을 종류별로 되도록 많이 비축, 정리하고 곡의 분위기에 맞게 꺼내 쓰면 좀 더 효율적인 작업을 할 수 있다.

비슷한 뜻과 느낌의 단어들 모음

눈빛, 시선, 눈길	숨결, 한숨, 숨
빛, 광선, 섬광	감각, 감정, 기분, 느낌
끝없이, 수없이, 한없이	색깔로, 색으로, 색채로
반짝인, 일렁인, 눈부신, 아른거리는	아득히, 아련히
흩어진, 흩날린, 흐트러진	밀려오는, 다가오는, 파고드는, 차오르는
비밀의, 베일에 싸인, 감춰진, 숨겨진	까만, 검은, 어두운, 짙은
투명한, 선명한, 비추는	조각난, 찢어진, 부서진, 갈라진
모든, 전부, 수많은	물들어, 스며들어, 번져 가
세상, 세계, 차원	이끌어 가, 끌어당겨
체온, 온기, 온도	펼쳐지는, 피어나는
순간, 찰나, 그때	어루만지다, 매만지다
처음, 새로운, 낯선, 본 적 없는	사소한, 소소한
소리 없이, 조용히, 살며시, 말없이	너로 채워가, 너로 가득해져

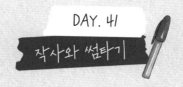

DAY. 41

작사와 썸타기

앞에서 본 것처럼 본인만의 단어 카드를 만들어 보자.

Part 5

팝송
개사하기

①

자수 따기와 구성하기

DAY. 42

팝송을
개사하는 이유

작사를 취미로 생각하든 직업으로 생각하든 이 책을 볼 정도로 가사에 관심이 많은 사람이라면 당연히 잘 쓰고 싶은 마음이 있을 것이다. 하지만 다른 분야도 마찬가지겠지만 처음부터 잘할 수 있는 일은 없다. 가사도 그렇다. 부단한 연습과 노력 없이 좋은 가사는 나오지 않는다.

작곡가 지인이 있는 게 아닌 이상 보통 사람이 처음부터 데모를 받아 작업하게 되는 경우는 흔치 않다. 그렇다고 공백기 동안 손을 놓고 있을 수도 없다. 뭔가 해야 할 것 같은데 딱히 연습할 방법이 없다면 한국어 가사를 개사하기보단 팝송을 개사하는 것을 추천한다. 한국어는 모국어이기 때문에 어쩔 수 없이 기존 가사에 어떤 방식으로든 영향을 받아 모방하게 될 확률이 크다. 그래서 많은 작사가들이 데뷔 전 팝송을 개사하며 연습량을 채우곤 한다. 요즘 K-POP엔 외국 작곡가들의 곡도 많아서 실제 데모도 영어로 작성

되어 오는 경우가 많기 때문에 팝송 개사를 연습하는 건 여러모로 유익하다.

필자가 데뷔 전에 했던 팝송 개사 연습 과정을 소개해 보겠다. 한 가지 양해를 구하는 점은, 안타깝지만 음악 저작권법의 문제로 인해 필자가 개사 연습을 했던 팝송의 제목은 이 책에서 공유할 수가 없다(오프라인으로 만날 기회가 생긴다면 혹은 길에서 마주친다면 살짝 알려 드리겠다). 어떤 곡이라도 상관없으니 각자 본인이 마음에 드는 곡을 골라 필자의 개사 과정을 참고해 연습해 보기 바란다.

★ 작사가의 memo
1. 개사하고 싶은 팝송을 장르별로 세 곡씩 골라본다.
2. 팝송 하나를 골라서 음절을 따본다.
3. 음절 밑에 한국어 가사를 붙여본다.

DAY. 43

음절
따보기

영어 가사 밑에 음절에 맞게 영어 발음을 한국어로 적어 보자. 이것을 소위 음절을 딴다고 하는데 템포가 빠른 곡이 아님에도 불구하고 익숙하지 않아 놓치는 구간이 많을 것이다. 다섯 번 이상 반복해서 들으며 꼼꼼하게 체크해 보자. 음절을 따는 방식에 정답이 있는 것은 아니지만 영어 발음대로 따면 후에 라임을 맞추거나 발음하기 편하게 가사를 쓸 때 유리하다(000 00나 ABC AB 또는 123 12 이런 식으로 따는 작사가들도 있다. 이건 어디까지나 필자가 쓰는 방식이므로 자신에게 편한 방법으로 하면 된다). 필자가 딴 영어 발음도 공유하고 싶지만 이것 또한 음악 저작권법의 문제로 아쉽게도 할 수가 없다. 그러므로 이번 예시에서는 000 00의 방식으로 표기를 하겠다. 어떤 방법으로 표기하든 상관없지만 가수가 부르기 편하고 자연스럽게 써야 한다.

Intro)

<팝송 가사 부분>

OOOOO <들리는 대로 음절 딴 부분>

점점점점점 <한국어 가사 붙인 부분>

OOO OOO

너에게 점점점

OOOOO

다가갈거야

verse1)

O OOO OO

넌 어디쯤이니

O OOOO OO

넌 어디만큼 왔니

OO O OO

나를 좀 봐줘

OOO OOOO

언제쯤 우리사이

OOO OOO

이어줄 선하나

OOO OO

그리게 될지

pre-chorus)

OOO OOOOOOO

연애는 삼각함수들보다

OOOOOOO

피타고라스보다

OOO OO

복잡한 함정

OO OO OO OO

우리 사인 어떤 관계

OOOO OOOOO OOO

대명사로 정의해야만 맞는지

OO OOO OOO O

텅빈 시간과 공간의 축

O OOO OO O

그 어디쯤 숨은 널

202

000 00
찾아가볼게

0000 00000
조심스레 다가가볼게

00 00000
맘을 열어주겠니

00 000
손을 내밀어

chorus)

00000
점점점점점

verse2)

000 00 00 0
심심한 평면 같던 삶

00000
한가운데에

0 0000
툭 나타나서

000 0 00 00 0
동그란 점 하날 그린 너

0 00000 00 00

좀 신경 쓰여도 싫진 않아

pre-chorus)
반복

chorus)
반복

bridge)

0 0000 00
내 마음속에 마치

000 0000
봄날의 셔틀콕이

0 000 00
휙 날아온 듯이

0 0000 00
큰 포물선을 그려

0 0000 00
저 하늘 높이까지

0 00 00 0
다 닿을 듯이 커

chorus)
반복

pre-chorus)
반복

chorus)
반복

DAY. 44

설정하기

음절 따는 것이 완성됐으면 다음은 앞서 배운 것처럼 데모를 의뢰 받았다고 생각하고 직접 가사를 쓴다.

1. 주제 정하기
2. 사랑이라면 시점 정하기
3. 제목 정하기
4. 대강의 내용 메모하기
5. 화자의 태도 정하기
6. 디테일 설정하기

시작 단계이므로 차분히 위의 과정을 거쳐서 가사를 완성해 보자. 이해를 돕기 위해 필자가 썼던 과정을 공유해 보겠다.

1. 주제

알 듯 모를 듯 헷갈리는 남녀 관계

2. 시점

썸의 시작쯤 간질간질한 그때의 느낌

3. 제목

Graph(그래프) : 데뷔 전에 연습했던 개사곡인데 당시 그래프라는 단어에 꽂혀 있어서 어떻게든 그래프와 사랑을 연결해 보고 싶었다. 일단 제목을 그래프로 정하고 거기에 모든 것을 끼워 맞춰 썼던 기억이 난다. 연애라는 게 결국 시간과 공간을 공유하며 어떤 감정들을 함께 도출해 나가는 것인데 이런 원리를 그래프라는 소재로 표현해 보면 어떨까 하는 생각이 들었다.

4. 내용

학창 시절 함수를 공부할 때 '값이 한없이 0에 가까워지는' 뭐 이런 문구를 봤던 기억이 난다. 0 대신 한없이 너에게 또는 점점 너에게 가까워지는 감정의 그래프를 표현해 보자.

5. 화자의 태도

원가수의 목소리가 발랄하고 사랑스러워서 한국어 가사의 화자도 적극적으로 하지만 사랑스럽게 그에게 다가가고 싶은 마음을 표현해 보고자 했다. (연습곡이므로 따로 가수가 있는 것은 아니지만 이 곡에 어울리는 특정 가수를 상상하며 쓰는 것도 몰입에 도움이 된다. 난 아이유.^^)

6. 디테일 설정하기
콘셉트 자체가 현실 가사가 아니므로 최대한 점, 선, 면, 포물선 같은 단어를 활용해 신선하고 재미있게 그래프 느낌을 주자.

DAY. 45

완성된 가사 보며
멜로디와 함께 따라 불러 보기

한글 가사를 입혔다면 자신의 가사로 노래를 따라 부르며 어색한
부분을 다듬어 보자.

Graph

Intro)
점점점점점
너에게 점점점
다가갈 거야

verse1)
넌 어디쯤이니
넌 어디만큼 왔니
나를 좀 봐줘
언제쯤 우리 사이
이어줄 선 하나
그리게 될지

pre-chorus)
연애는 삼각함수들보다
피타고라스보다
복잡한 함정
우리 사인 어떤 관계
대명사로 정의해야만 맞는지
텅 빈 시간과 공간의 축
그 어디쯤 숨은 널
찾아가 볼게
조심스레 다가가 볼게
맘을 열어주겠니

손을 내밀어

chorus)
점점점점점…

verse2)
심심한 평면 같던 삶
한가운데에
톡 나타나서
동그란 점 하늘 그린 너
좀 신경 쓰여도 싫진 않아

pre-chorus)
반복

chorus)
반복

bridge)
내 마음속에 마치
봄날의 셔틀콕이
휙 날아온듯이
큰 포물선을 그려
저 하늘 높이까지
다 닿을 듯이 커

chorus)
반복

pre-chorus)
반복

chorus)
반복

★ 작사가의 memo
인트로 가사의 '점점점'은 그래프의 찍힌 점과 점점 가까워지는 의미의 '점점' 이 두 가
지 뜻을 내포하고 있다.

2

수정하기

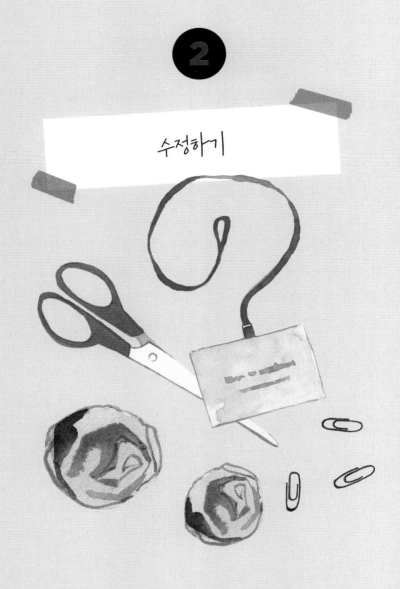

DAY. 46

수정하기
& 다른 예시

초고를 완성한 것으로 만족하지 말고 가사를 계속 불러 보면서 단어 하나하나, 음절 하나하나 다시 체크하며 수정하길 권한다. 처음엔 괜찮아 보였던 초고도 다음 날 다시 보면 고칠 곳이 눈에 띈다. 수정을 하면 할수록 가사의 퀄리티가 올라갈 가능성이 높으므로 완성 후 꼭 재수정의 시간이 필요하다. 수정이 어느 정도 끝나면 초고와 수정안을 비교해 보자. 수정의 필요성을 알게 될 것이다.

위와 같은 과정을 통해 다른 곡들도 더 연습해 보자. 데뷔 전에 연습했던 다른 곡의 한국어 개사 버전도 공유하니 참고하길 바란다. 이 곡 역시 음악 저작권법의 문제로 팝송 제목을 공유하긴 어렵다. 하지만 앞서 설정했던 디테일(174~176쪽 참고)을 이용해 가사로 만들면 이렇게 된다는 예시를 살펴보며 공부하면 도움이 될 것이다.

알레르기

verse1)
흩날린 꽃가루처럼 날아든 기억
마음속 어디쯤에 눈물을 만들어
이유를 알 수 없는 두드러기들처럼
그렇게 맘속에 또 한 번 돋아난 날들
밤새 뒤척이게 해

chorus)
아직도 난 아직도 난 이별이
내 것 같지가 않은가 봐
아직도 난 아직도 난 이별이....
Still love you yeah~

verse2)
붉어진 눈가를 비비고
다시 비벼댈수록
맘속 깊숙이 새겨질 그대의 얼굴
돋아난 그곳에
어쩌다 손끝이 닿기만 해도
금새 부풀어 오르는 참아온 그리움들
Still love you yeah~

chorus)
아직도 난 아직도 난 그대가
내 것이라고 믿는가 봐

아직도 난 아직도 난 그대가

bridge)
오랜 시간이 지나면
괜찮아지는 날이 오겠지
갑자기 나타났다가
사라져 버릴 기억도
점점 익숙해지겠지
눈물조차 말라가겠지
이별은 나도 모른 사이에
내 것이 되겠지
still love you yeah~

chorus)
한참이나 따끔거릴 그대를
한참이나 날 울게 할 그대를
한순간도 잊지 못한 나라서

아직도 난 아직도 난 이별이
아직도 난 아직도 난 이별이
...

Part 6

트로트
작사하기

트로트와 친해지기

솔직하게 말하자면 필자는 몇 년 전까지만 해도 트로트에 별 관심이 없었다. 회사를 통해 유명한 트로트 가수의 데모가 종종 들어와도 트로트를 딱히 즐기는 편이 아니어서 작업을 거의 하지 않았다. 트로트에 관심이 많은 작가가 더 완성도 있게 잘 쓸 거라고 생각했기 때문에 트로트보다는 다른 장르에 더 집중했던 것이 사실이다. 하지만 최근 방송에서 트로트를 메인 주제로 다루는 예능 프로그램이 인기를 끌면서 대중가요계에 다시 트로트 붐이 일기 시작했다. 트로트는 그저 중장년층이 즐기는 음악 장르가 아니라 전 국민적인 대세 장르의 하나로 또다시 자리를 굳히고 있다. 흐름이 이렇게 변하면서 회사를 통해 의뢰받는 트로트 데모의 비율도 점점 늘어나고 있는 추세라 더 이상 트로트를 간과하면 안 되겠다는 생각이 들었다. 그래서 K-POP뿐만 아니라 다양한 장르를 모두 섭렵할 수 있는 작사가가 되고 싶은 마음에 트로트에 대한 공부를 시작했다. 그래서 필자처럼 트로트가 익숙하지 않은 지망생들이 트로트와 조금 더 친해질 수 있도록 이 커리큘럼을 꾸려 보았다.

DAY. 47
흐름 분석하기

아직 트로트가 익숙하지 않은 지망생은 무엇부터 공부해야 할지
몰라 어렵다. 익숙하지 않은 장르라면 우선 차트부터 찾아보자. 어
떤 노래가 트로트 장르에서 대세인지부터 알아보자(2024년 2월 29
일 기준 트로트 차트 TOP 10, 출처 네이버 검색).

  1. 임영웅, 이제 나만 믿어요

  2. 정동원, 여백

  3. 정동원, 독백

  4. 나훈아, 기장 갈매기

  5. 영탁, 찐이야

  6. 정동원, 뱃놀이

  7. 영탁, 니가 왜 거기서 나와

  8. 김호중, 고맙소

2024년 2월 29일 기준이라는 것이 무색하게 차트의 상위권은 몇 년 전과 큰 변화가 없다. 그만큼 팬들의 충성도가 다른 장르에 비해 매우 높은 편이다. 또 차트를 점령하고 있는 대부분의 가수는 트로트 경연 프로그램을 통해 이름을 알린 스타이다. 이것이 의미하는 바는 대박곡을 한 번 만들어 두면 다른 장르보다 오랜 시간 안정된 수익을 가져다줄 수 있다는 의미이기도 하다. 트로트 작사에도 관심을 가져 보면 좋을 이유 중 하나가 될 수 있겠다.

또 남자 가수들이 독보적인 우세다. 그 이유는 트로트의 적극적인 소비자(앨범 구매, 콘서트 관람, 팬클럽 활동 등)가 50~60대 이상 여성이 대부분이라서 그렇지 않을까 추측된다.

그럼에도 K-POP 아이돌처럼 트로트 가수의 연령대도 점점 어려지고 있다. 요즘 눈에 띄는 활약을 보여 주는 김다현은 2009년생, 전유진은 2006년생이다. 어린 나이답게 트로트의 소재를 다양화시키는 데 큰 역할을 하고 있다.

예를 들어 김다현의 〈칭찬 고래〉를 가사를 필사해 보면서 노래를 들어보자. 청소년기에 있는 가수의 스토리답게 가사에서 묘사하고 있는 1절 첫 장면은 늦잠을 자서 엄마한테 혼나는 소녀로 시작한다. 2절은 무엇을 까먹었는지 이유는 생략되어 알 수 없지만 뭔가를 깜박해서 아빠한테 혼나는 장면으로 시작한다.

칭찬 고래

노래: 김다현
작사: 신유, 미라클, KIYU

verse1

_____
_____
_____
_____
_____
_____
_____
_____
_____
_____
_____
_____
_____

chorus

_____
_____
_____
_____
_____
_____
_____
_____
_____

verse2

_____
_____
_____
_____
_____
_____

pre-chorus

_____
_____
_____
_____
_____
_____

chorus

_____
_____
_____
_____
_____
_____
_____

217

코러스에서 '고래가 춤을 춥니다/고래가 춤을 춥니다/칭찬을 해주신다면/나도 춤을 춥니다'가 나오는데 고래와 왜 갑자기 춤을 추는지 논리적으로는 이해가 가진 않지만 트로트에는 이런 전개가 흔하다. K-POP 가사처럼 기승전결에 맞춰서 쓰기보다는 중독성 있는 포인트를 심어 주는 것을 더 중요하게 생각한다.

결국 가수 본인의 자아를 대변하는 방 안의 고래 인형을 통해 전하고 싶은 바는 '실수했다고 맨날 혼내지 말고 칭찬을 많이 해 주시면 좋겠다. 그러면 고래처럼 나도 춤추듯 날아가는 기분이 들 것 같다'는 단순하고 귀여운 메시지다. 보통 트로트의 소비자층이 성인이기 때문에 귀여움에서 끝나는 것이 아니라 공감대를 형성할 필요가 있다고 판단한 듯하다. 그동안의 트로트 가사에서 볼 수 없었던 형태라 신선하다고 느껴지는 포인트다.

10대 스타 가수들이 등장하면서 트로트의 소재도 예전보다 다양해지고 있다. 이런 이유로 트로트를 즐기는 소비자층도 남녀노소 가릴 것 없이 넓어지고 있다. 고무적인 현상이라 생각한다.

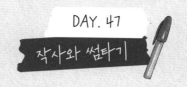

작사와 썸타기

10대 트로트 스타에게 어울리는 데모 작업을 의뢰받았다고 가정하고 트렌디한 트로트 가사를 구상해 보자.

예시)
- 키워드: 키링-10대에서 트렌디한 아이템
- 킬포인트: 코러스에 '키링키링키링' 이런 부분이 반복되면 부르는 재미, 듣는 재미를 만들어줄 수 있을 것 같음.
- 스토리: 귀엽게 고백하는 내용으로 '내 마음을 걸어줘 잠궈줘 키링처럼 너에게 종일 매달려 있고 싶어'라는 가사가 들어가면 좋을 것 같다.

1. 키워드:

2. 킬포인트:

3. 스토리:

트로트의 스토리텔링

DAY. 48
트로트 스토리텔링의
27가지 포인트

1. 스토리 자체에 집중한 대서사시

가장 클래식한 방법이다. 최근 노래 가운데 김산하의 〈찔레꽃 피면〉을 살펴보자. 찔레꽃은 오래된 트로트 곡의 단골 소재로 5월에 피는 작은 하얀 꽃이다. 드물게 연분홍도 있다. 수수한 모양새와 은은한 향이 특징인데, 다른 꽃들보다 한국 여인의 고전적 이미지와 닮아 있어 단골 소재로 등장하지 않았나 싶다. 이 곡의 등장인물은 투병 중인 어머니와 간호하는 딸이다. 계절적 배경은 겨울이다. 찔레꽃은 봄에 피는 꽃인데 어머니는 지금 시점인 겨울에 투병 중이다. 어머니가 봄까지 살아 있기를 바라는 간절한 마음을 찔레꽃을 빌어 표현했다. 이 곡은 현재에는 잘 쓰지 않는 '어매(어머니)', '가소(가세요)' 등 사극에서나 들을 수 있는 옛 단어들이 자연스럽게 사용되어 인상적이다. 가사를 필사해 보면서 노래를 들어보자.

찔레꽃 피면

노래: 김산하
작사: 불꽃남자

verse1

chorus

chorus

bridge

verse2

고전적 스토리텔링에 중심을 둔 트로트 가사들은 우리나라 근현대 시를 보는 듯한 느낌이 든다. 김영랑의 〈모란이 피기까지는〉 혹은 김소월의 〈진달래꽃〉, 정지용의 〈향수〉 같은 느낌으로 꼭 이 시대를 살지 않은 세대더라도 한국인이라면 공감대를 형성할 만한 포인트와 매력을 가지고 있다.

모란이 피기까지는
김영랑

모란이 피기까지는
나는 아직 나의 봄을 기둘리고 있을 테요
모란이 뚝뚝 떨어져 버린 날
나는 비로소 봄을 여읜 설움에 잠길 테요
오월 어느 날 그 하루 무덥던 날
떨어져 누운 꽃잎마저 시들어 버리고는
천지에 모란은 자취도 없어지고
뻗쳐 오르던 내 보람 서운케 무너졌느니
모란이 지고 말면 그뿐 내 한 해는 다 가고 말아
삼백예순 날 하냥 섭섭해 우옵네다
모란이 피기까지는
나는 아직 기둘리고 있을 테요 찬란한 슬픔의 봄을

고전 트로트의 스토리텔링 방식은 한국 근현대시의 가사에 당시 유입된 일본의 엔카(일본 대중가요의 하나. 일본인 특유의 감각이나 정서에 기초한 장르로, 일본 전래 민요에서 사용되던 음계를 주로 사용) 문화가 혼합되어 발전된 형식이 아닐까 추측이 가능하다. 정리하면 1900년대 초기의 한국 근현대시 스타일의 가사+일본 엔카의 곡조=한국 트로트의 시초이다.

또한 고전 트로트에는 유난히 恨의 정서가 표현된 가사가 많은데 이는 우리의 굴곡진 역사와 맥락을 같이 하고 있는 듯하다. 진성의 〈보릿고개〉, 손인호의 〈한많은 대동강〉 등이 그 예다.

또 유교 문화권답게 孝를 강조하는 트로트 가사도 흔히 찾아볼 수 있다. 나훈아의 〈불효자는 웁니다〉, 남진의 〈어머니〉가 대표적이다.

딱! 풀

노래: 이찬원
작사: Famous Bro

verse1)
붙어라(딱!) 붙어라(딱!) 붙어 있어라
딱 딱 딱 딱 딱! 붙어 있어라
세월도 인생도 왔다가는 거야
아등바등 살 필요 없어
사랑에 배신당한 당신이라도
걱정 마라 지나갈 테니
아아아 아아 외로워 마라
당신 곁에 붙어 있을게

chorus)
붙어라(딱!) 붙어라(딱!) 붙어 있어라
내 마음에 불을 붙여라
붙어라(딱!) 붙어라(딱!) 붙어 있어라
딱 딱 딱 딱 딱! 붙어 있어라

verse2)
붙어라(딱!) 붙어라(딱!) 붙어 있어라
딱 딱 딱 딱 딱! 붙어 있어라
사랑도 우정도 왔다가는 거야
허전하면 채우면 되지
꽃피는 봄이 가고 추운 겨울 와도
걱정 마라 지나갈 테니
아아아 아아 힘겨워 마라
당신 곁에 붙어 있을게

chorus)
붙어라(딱!) 붙어라(딱!) 붙어 있어라
내 마음에 불을 붙여라
붙어라(딱!) 붙어라(딱!) 붙어 있어라
딱 딱 딱 딱 딱! 붙어 있어라

2. 키워드 집중형

키워드 집중형 가사는 귀에 착 감기는 친숙하고 단순한 키워드가 특징이다. 코러스에서 이 키워드가 계속 반복되는 구조를 만들어 포인트를 준다. 예를 들면 장윤정의 〈어머나〉, 박현빈의 〈앗! 뜨거〉, 영탁의 〈찐이야〉 등을 들 수 있다.

이찬원의 〈딱! 풀〉을 살펴보면 제목이자 키워드가 '딱풀'인데 재미있고 귀에 착 감기는 단어를 허무함과 외로움을 느끼는 당신의 곁에 딱 붙어 있겠다는 이해하기 쉽고 단순한 스토리 구조로 안정감 있게 뒷받침하고 있다. '붙어라(딱!) 붙어라(딱!) 붙어 있어라' '딱 딱 딱 딱 딱! 붙어 있어라'는 키워드이자 코러스 주요 포인트다.

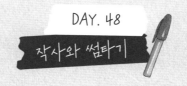

DAY. 48

작사와 썸타기

키워드 집중형의 트로트 가사는 현재 가장 많이 의뢰받는 형태이기도 하다. 키워드 집중형의 데모를 의뢰받았다고 가정하고 어떤 키워드로 어떤 스토리를 짤 것인지 고민해 보자.

예시)
- 키워드: 오픈런
- 킬포인트: 코러스에 '오픈런 오픈런 1등으로 너의 마음에 들어갈 거야' 반복
- 간단한 스토리: 다른 사람이 먼저 너의 마음에 들어가기 전에 내가 1등으로 들어가겠다는 구애송

1. 키워드:

2. 킬포인트:

3. 스토리:

DAY. 49

트렌디한 트로트
작사 작업기

트로트와 이제 친해져 봐야겠다고 마음먹었을 즈음 마침 회사를 통해 방송 경연곡용 트로트 데모를 의뢰받았다. MBN에서 최고 시청률을 기록하고 있는 〈현역가왕〉이라는 프로그램의 출연자였던 조정민 씨의 준결승전 진출곡이었다.

필자는 이젠 더 이상 신인 작사가는 아니지만 트로트 작사 경험이 없어서 긴장하며 작업했는데 데모가 너무 신났고 조정민 가수 또한 실력 있는 분이어서 나의 첫 트로트 발매곡은 이 곡이었으면 좋겠다는 기대감을 안고 작업했던 기억이 난다.

방송용 경연곡은 녹음 스케줄이 타이트하게 돌아가기 때문에 시간이 채 하루도 주어지지 않은 상황에서 작업을 했고, 다행히 기획사 측에서 우선 1절만 작업해 달라고 하여 시간 내에 마칠 수 있었다. 2절은 1절이 승인된 후 따로 작업했다.

럭키

작사:조정민, JQ, 안영주, 김진(MUMW), X-CHILD

verse1

_____

_____

_____

_____

_____

_____

pre-chorus

_____

_____

_____

_____

_____

_____

_____

chorus

_____

_____

_____

_____

verse2

_____

_____

_____

_____

pre-chorus

_____

_____

_____

_____

chorus

_____

_____

_____

_____

_____

_____

_____

bridge

_____

_____

_____

_____

주제는 경연곡답게 내가 꼭 행운을 쟁취하겠다는 진취적이고 긍정적인 내용을 담아 달라는 기획사의 요청이 있었고, 가수도 직접 작사에 참여했다. 트로트뿐만 아니라 데모 작업을 할 때 미리 주제나 콘셉트가 주어지는 경우가 제법 있는데, 이때는 작사가의 생각이나 독특한 표현보다는 의뢰자의 니즈를 잘 이해하고 곡의 용도에 맞는 가사를 써 주는 것이 좋다.

　언뜻 보면 신나는 멜로디 때문에 그저 밝은 곡이라고 생각할 수 있지만 가수의 무명 시절의 아픔을 과하지 않게 녹여 낸 가사이기도 하다. '럭키'라는 키워드를 통해서 '지금까진 긴 터널 같은 시간이었지만 이제부터는 내게 온 행운의 키를 꼭 붙잡아서 당당하게 꽃길을 걸어가고야 말겠다'는 의지를 표현하고 있다.

　1절 벌스에서는 방송곡이라는 특성과 무명이 길었던 가수의 상황이 맞물린 가사로 표현했다. 그래서 경연 전 기적을 바라며 손키스를 하고 걸어가는 상황을 그렸다. 그리고 프리코러스에서 결승까지 가길 바라는 마음을 담았다. 코러스의 '열어주세요 꿈 같은 시간'은 제목의 key가 구현된 가사이다. '난 절대로 놓지 않아요'는 key를 놓지 않겠다는 의미다. 'Luck key Luck key 기다려요' 부분은 제목이 코러스에 반복되는 트로트의 법칙을 반영했다. 2절은 1절 컨펌이 난 후에 다시 의뢰가 들어왔다. 1절 벌스에서는 손키스였다면 2절 벌스에는 영화 속 주인공이라는 포인트를 넣었다.

　〈럭키〉 같은 트렌디한 느낌의 트로트 가사를 쓸 때는 너무 복잡한 스토리를 넣지 않는다. 그보다는 재미있는 키워드를 이용한 부르는 맛에도 집중한다. 확실한 키워드만 있다면 이래도 되나 싶을 정도로 단순하고 재미있게 쓰는 게 통할 때가 많다.

1. LUCK KEY라는 익숙하지만 재밌는 확실한 키워드
LUCKY를 LUCK KEY로 재해석했다.

2. 경연곡의 특성을 충분히 표현
이 경연의 승자가 되고 말겠다는 의지를 돌려서 표현했다.

3. 가수의 스토리를 가사에 반영
우리나라 사람들은 스토리를 좋아한다. 이런 이유로 투표로 이루어지는 경연 프로그램에서는 가수의 역경 스토리를 공개하는 경우가 많다.

4. 부르는 재미를 주는 구간
럭키가 반복적으로 직접 언급되는 코러스 파트를 주었다.

Part 7

작사가로
산다는 것

캐릭터 만드는 게
어려울 때

드라마를 꾸준히 챙겨 보는 편이다. 재미있기도 하지만 가사에서 화자의 캐릭터를 만들 때 드라마만큼 꿀템인 것도 없다. 화제가 됐던 〈동백꽃 필 무렵〉을 예로 들어 보자. 주요 인물인 동백이, 용식이, 종렬이, 향미는 각각 개성 넘치는 캐릭터를 갖고 있다. 복잡한 상황들 다 걷어 내고 이 인물들이 지닌 사랑에 대한 태도나 가치관만 떼어 내어 생각해 보자.

동백이: 사랑을 바라지만 자신의 상황 때문에 애써 부인, 밀어냄
용식이: 100% 순정파, 사랑 하나로 다 극복할 수 있는 스타일
종렬이: 바보같이 놓쳐 버린 사랑에 후회함, 되찾으려고 노력 중
향미: 상처도 많고 삶에 지쳐 사랑도 생존을 위해 이용할 수 있음,
그러나 믿지 않음

　벌써 적어도 네 개의 가사는 나왔다. 캐릭터가 어울리는 곡을 만나면 저들의 입에서 나올 수 있는 대사를 가사화시키면 된다. 동백이로 예를 들면 애절한 발라드에서 여자가 남자를 아프게 밀어내는 내용의 가사에 이 캐릭터를 차용하면 도움이 된다. 아마 이런 느낌의 발라드 가사를 본 적이 있을 것이다. 예를 들면 동백이 입

장에서 늘 자신에게 아무 조건 없이 직진하는 용식이에게 했을 법한 대사 '잘해 주지 마요'라든지 '가져 본 적 없어서', '너무 좋은 건 너무 아파서', '그냥 지나가 주세요' 등의 제목에 그에 어울리는 서사 구조를 만들어 풀어낼 수 있다.

본인이 재미있게 봤던 드라마 속 인물이 특정 상황에서 내뱉을 법한 말을 가사에 녹이면 좀 더 몰입도가 높은 작업을 할 수 있다. 캐릭터 잡는 것이 막연하고 어렵다면 이런 방식으로 즐겨 봤던 드라마 속 인물들을 한 번쯤 떠올려 보자.

> ★ 작사가의 memo
> 캐릭터를 이용해 제목을 생각해 보자.
> ① 용식이의 캐릭터를 이용한 가사 제목:
> ② 종렬이의 캐릭터를 이용한 가사 제목:
> ③ 향미의 캐릭터를 이용한 가사 제목:

아이디어가
떠오르지 않을 때

데모를 받았는데 아무 생각도 안 날 때가 있다. 아니 꽤 많다. 그럴 때는 데모를 들으며 최신 잡지를 넘겨 본다. 기사를 꼼꼼히 다 읽진 못해도 굵은 글씨를 대충 눈으로 훑는다. 그러다 보면 데모의 분위기에 맞게 눈에 확 들어오는 단어나 구절이 있다. 그런 것들이

모티브가 되어 제목이 만들어지고 첫 줄이 써지는 경험을 꽤 많이 한다. 제목과 첫 줄이 만들어지면 그다음은 비교적 쉽다. 거기에 맞춰 뒷부분은 채워 나가면 되니까.

예를 들어 아파트 광고로 흔히 쓰이는 '강남까지 차로 5분'이라는 지면 광고의 헤드라인을 봤다면 이렇게 발전시킬 수 있다. 이별 후의 감정을 담은 가사에서 '우리 집에서 너희 집까지 차로 5분이면 되는데 그 길이 내게는 닿지 못할 영원처럼 멀다'라든지, 또는 최근 코카콜라 광고의 '우린 겨우 이런 일로 행복합니다'라는 카피를 봤다면 처음 사랑에 푹 빠진 시점의 감정을 표현할 때 '너랑 있으면 겨우 이런 일에 웃고, 겨우 이런 일에 울고, 겨우 이런 일에 설레고, 겨우 이런 일에 아프고' 이런 가사를 떠올릴 수도 있다.

가사에 온 신경이 집중되고 잘 쓰고 싶은 마음이 가득하다면 남들이 무심히 흘려보내는 사소한 것들 속에서 오직 내 눈에만 보이는 단어의 사금 조각들을 채취할 수 있다.

★ 작사가의 memo
가지고 있는 잡지책에서 한 줄씩 찾아 위와 같은 방법으로 연습해 보자.
(헤드라인글 → 한 줄 가사로 바꿔 보기)

가사 쓰기는
어쩌면 다이어트

꾸준하기가 세상에서 제일 어렵다. 처음에는 많은 사람들이 호기심과 화려한 겉모습에 끌려 가사 쓰기를 시작했어도 눈에 보이는 결과물이 있을 때까지 버티는 사람은 생각보다 많지 않다. 기약할 수 없는 시간이 걸리기 때문이다.

제대로 된 데뷔까지 결코 쉽지 않고, 좋은 회사를 만나기까지의 시간은 더 험난한데 어쩌다 운 좋게 작사가로 데뷔했다고 해도 다음 작품이 있으려면 또 그만큼의 기다림과 쉼 없는 노력이 필요하다. 필자 역시 아직 그 과정 속에서 헤매고 있는 사람 중에 하나여서 한 곡 한 곡 세상에 내는 일이 한 번도 쉬웠던 적이 없다. 작사가라는 타이틀을 얻는 건 너무 신나고 영광스러운 일이지만 그 이름을 유지하기란 다이어트처럼 꽤나 고된 일이다. 그럼에도 불구하고 그저 가사 쓰는 게 세상의 어떤 일과도 비교할 수 없을 만큼 좋아서 계속 가사를 써 나간다.

내가 끄적인 몇 글자의 메모가 제목이 되고, 가사가 되고, 어느 가수의 데뷔나 컴백의 콘셉트가 되고 안무가 된다. 그렇게 만들어진 무대를 보는 짜릿함은 그 어떤 고가의 한정판 명품백을 손에 쥐는 기쁨과도 바꿀 수 없다. 그 기쁨의 에너지가 없던 꾸준함도 만들어 주는 듯하다.

작사가가 되기까지의
과정(나의 경우)

이 책을 읽는 많은 사람들이 가장 궁금해 하는 부분이 '나같이 평범한 사람도 작사가가 될 수 있을까?' 하는 점이다. 불과 몇 년 전 필자도 비슷한 지점에 서 있었기 때문에 그 마음을 누구보다 잘 안다.

작사가가 돼야겠다는 생각을 처음부터 하지는 못했다. 왠지 그 영역은 내가 범접할 수 없는 신성한 부분인 것만 같았다. TV에 나오는 유명한 작사가들을 보면 그런 일을 하는 사람은 따로 정해져 있는 것만 같은 기분이 들곤 했다.

취미 삼아 집이나 동네 카페에서 혼자 한국어 가사와 팝송 가사를 개사하며 틈틈이 연습했다. 첫 개사곡이 성시경의 〈그리움〉(윤영준 작사)이었다. 특별한 이유는 없었고 그냥 그 노래가 좋아서 계속 듣다가 문득 써 보고 싶다는 생각이 들어서였다. 그러다 방송작가 시절 같이 일했던 언니를 통해 운 좋게 심현보 작사가의 레슨을 받을 기회가 생겼다(주옥 같은 작품이 너무 많아 대표곡을 뽑긴 어렵지만 개인적으로 성시경의 〈너의 모든 순간〉과 어쿠스틱 콜라보의 〈묘해, 너와〉를 좋아한다). 작사 레슨을 받으면서 조금 더 구체적으로 작사가라는 꿈에 접근하게 됐다. 심현보 선생님이 내 가사에 해 주는 칭찬과 꾸지람이 담긴 모든 코멘트를 다 녹음해 집에 가서 반복해 들으며 가사를 고쳐 보고 다시 검사받았다. 그 과정이 힘들지만 너무 재미있었다. 그 무렵 작사 레슨을 받았던 다른 학생들과 가사 스터디 모임도 만들었다. 모일 때마다 한 곡씩 자신의 가사를 가지고 와 다른 사람에게 평가받는 일종의 합평회 같은 시간이었다. 저마다의 사정으로 오래 지속되지는 못했지만 가사 얘기만으로도 밤을 새던, 데뷔만 하면 소원이 없겠다고 입을 모아 말했던 불안했지만 순수했던 그때가 가끔 그립다.

　작사가가 되기로 마음먹은 그때부터 늘 따라다니는 것은 불안이다. 작사에 대한 마음이 진심이고 간절한 만큼 불안할 수밖에 없다. 내가 들인 노력과 시간을 보상받는다는 보장이 없기 때문이다. 필자 역시 '이미 30대인 제가 작사가가 될 수 있을까요? 혹은 지금 시작해도 늦지 않나요?'라는 고민 담긴 질문을 많이 했다. 그때마다 심현보 선생님은 아직 늦지 않았다고 꾸준히 하면서 딱 5년만 버텨 보자고, 언제라도 도울 일 있거나 힘들 때 말하라며 토닥여 주셨다. 심현보 선생님이 말씀하신 그 5년이 올해쯤이다. 아직도 갈 길이 먼 새내기 작사가지만 5년 전의 나와 지금의 나는 꿈꾸던 삶에 조금 더 가까워져 있는 건 분명하다. 지금은 비행기를 탈 때마다 쓰는 입국 신고서 OCCUPATION란에 'Lyric writer'라고 쓸 수 있게 됐다. 심현보 선생님에게 민폐가 될까 봐 힘들 때마다 SOS를 치거나 심지어 연락도 자주 드리지 못하고 있지만 '언제라도'라는 톡 메시지를 보며 마음을 다잡을 때가 많았다. 그즈음, 지금은 각자 흩어져 다른 회사에 소속돼 있거나 아예 다른 길을 걷고 있는 경우도 있지만 여전히 신곡이 나오면 누구보다 축하해 주고 지지해 주는 내 사람들을 만났다.

심현보 선생님으로 인해 작사가가 되기로 마음먹었다면, 작사가라는 타이틀을 손에 쥐어 준 분은 MUMW의 수장이신 JQ 대표님이다. 의욕만 충만할 뿐 어디서부터 어떻게 해야 할지 막막할 때 다행히 JQ 대표님을 만나게 됐다. MUMW는 9년 전에 소규모 작사팀으로 시작했지만 지금은 젊은 실력파 작사가들이 좋은 성과를 내고 있는 작사, 작곡가들의 기획사이다. 작사, 작곡가들을 위한 소규모 레슨도 진행하고 있으니 궁금하거나 관심 있으면 카카오톡이나 인스타그램으로 문의하면 친절하게 알려 줄 것이다 (Instagram:@Makeumineworks/Kakaotalk ID:MUMW).

대표님이 아니면 얻지 못했을 값진 기회를 주신 것도 감사한 일이지만 (함께한 작업 중에 안타깝게 최종까지 갔다 혹은 녹음까지 했다가 세상의 빛을 보지 못하고 묻혀 버린 굵직한 작품들이 꽤 있다) 일이 잘 안 될 때마다 필자보다 더 안타까워해 주시고, 더 미안해 하시는 모습에 매번 감동받곤 한다.

이 팀과 오래오래 같은 길을 걷고 싶단 생각을 한 계기는 곡도 팡팡 터지고 모든 상황이 잘 돌아가고 있을 때보다 오히려 이런 암울했던 상황들 속에서였다. 내가 잘 안 풀리고 있을 때 용기와 위로와 믿음을 보내 준 MUMW 팀에 늘 감사하다.

가끔씩 MUMW 팀과 만나 맛있는 음식을 먹거나 커피를 마시며 수다를 떨곤 하는데 따스한 그 시간들의 에너지로 혼자만의 시간을 견디게 하는 것 같다.

가사를 쓰는 게 겉으론 화려해 보여도 한없이 참고 기다리고 연습하는 과정의 연속인데 그런 막막함 속에서 MUMW 팀이 없었다면 버텨 내지 못했을 것이다. 끝이 안 보이는 어두운 길이지만 곁에서 같이 걸어 주는 사람들이 있고, 필요한 건 뭐든 돕겠다고 앞으로 더 잘될 거라고 말씀해 주시는 JQ 대표님이 계셔서 말할 수 없이 든든하다. 이 팀으로 인해 이 일이 더 가치 있게 느껴진다.

작사가가 되는
몇 가지 루트

① 공모전

공모전에서 입상한다. 자주 있는 일은 아니지만 드라마 공모전처럼 다양한 규모의 작사 공모전도 가끔씩 열린다. 정규적으로 열리는 경우는 흔치 않고 보통은 이벤트성으로 진행되므로 그때그때 발 빠르게 정보를 찾아 출품해야 기회를 잡을 수 있다. 작사가 지망생들이 이용하는 인터넷 카페에 가입하면 정보를 얻을 수 있다.

② 작사가 레슨 학원 혹은 소속사

작사가 소속사에서 진행하는 강의를 듣다가 제출한 작품이 다수 채택되면 정식으로 소속 작사가로 계약하는 경우가 있다. 하지만 레슨을 받았다고 다 계약 작가가 되는 것은 아니기 때문에 그때까지 버티겠다는 각오를 단단히 하고 시작해야 한다. 이를테면 대형 연예 기획사에서 연습생으로 들어가는 사람은 많지만 정식 계약하고 데뷔하는 아티스트는 극히 일부인 시스템과 비슷하다. 하지만 몇 번 없는 공모전을 기다리는 것보다 이 방법이 더 현실적이라고 생각한다.

계약 조건은 회사마다 다르므로 회사를 선택할 때 신중하길 바란다. 한 번 고른 회사를 중간에 바꾸는 건 생각보다 쉽지 않기 때문이다. 레슨 후 다양한 기회를 제공하는지, 제대로 활동할 수 있는 기반을 만들어 주는지, 어떤 작사가들이 소속돼 있는지, 신곡이 활발하게 발표되고 있는지를 꼼꼼히 체크하고 결정하는 것이 좋다. 왕성한 활동이 이뤄지는 회사에서 시작해야 내게도 좋은 기회가 올 수 있는 확률이 더 높아지기 때문이다. 이런 회사들 또한 검색을 통해 쉽게 알아볼 수 있다.

③ 지인 찬스

주변에 음악 하는 지인이나 가족이 있다면 학연이나 지연을 적극 활용해야 한다. 정식으로 작사가 소속사들이 생겨서 시스템이 구축되기 이전에는 이런 식으로 아는 사람을 통해 작업하는 경우가 꽤 많았기 때문이다. 정말 부러운 일이 아닐 수 없다. 작사가가 되는 길은 생각보다 험난하기 때문에 찬밥 더운밥을 가린다거나 자존심을 챙길 생각은 하지 않길 권한다. 작은 인연이라도 있다면 지나치지 말고 꼭 두드려 봐야 한다. 하지만 시작은 남들보다 수월할지 몰라도 재미 삼아 한두 곡만 작업하고 끝낼 게 아니라면 작사가로서의 커리어를 쌓기에는 회사에 소속되는 것이 더 안정적이다.

작사가로
산다는 것

1. 가사 채택의 과정

① 데모 파일과 함께 의뢰를 받는다.

② 주어진 기한 안에 작업을 끝내야 한다. 기한은 보통 2, 3일이고 짧으면 하루, 길면 일주일 정도다. 의뢰한 회사의 사정에 따라 기한은 매번 다르다.

③ 소속된 작사가들이 각자 열심히 작업해서 작품을 제출한다. 한꺼번에 여러 곡을 의뢰받았을 때는 그중에 자신 있는 곡을 골라 작업한다. 처음에 하기 쉬운 실수가 유명한 가수의 곡을 의뢰받으면 어느 것 하나도 놓치기 아까워 짧은 시간에 여러 곡을 작업하고 싶

은 욕심이 생긴다. 하지만 여러 곡을 대충 써서 내는 것은 의미가 없다. 대충 급하게 쓴 건 채택되지 않는다. 나 말고도 잘 쓰는 사람이 너무 많기 때문이다. 한 곡을 최대한 완성도 있게 정성 들여 써내는 것이 훨씬 좋은 방법이다.

④ 모아진 작품들 중 완성도 높은 것들이 골라진다(이건 각각의 소속사마다 과정이 다를 수 있다).

⑤ 대표가 엄선된 작품을 수정하거나 보완해서 작업을 의뢰한 엔터테인먼트 회사에 보낸다.

⑥ 우리 소속사만 단독으로 작업하는 가수들도 가끔 있지만 보통은 다수의 작사가 소속사들과 무한 경쟁을 해야 하는 시스템이라 그 경쟁(경쟁률은 매번 달라서 정확한 수치로 얘기하긴 힘들지만 차트 100위 안에 드는 유명한 아티스트 같은 경우 최소 100 : 1, 하지만 그 100 중에 만만한 1은 하나도 없어서 경쟁에서 살아남기는 쉽지 않다)을 통과하면 다시 수정 의뢰가 들어오거나 수정 없이 바로 곡으로 발매된다.

⑦ 수익은 내가 쓴 가사의 지분에 따라 나눠지므로 케이스마다 다르다. 같은 분배율이라도 아티스트의 음반 판매량, 공연, 방송, 스트리밍, 노래방 사용 횟수 등에 따라 수익은 매번 달라진다. 보통의 경우는 한국음악저작권협회를 통해 위탁 관리된다.

2. 공동 작업(회사마다 다를 수 있다)

공동 작업은 한 곡을 두 명 이상의 작사가가 함께 작업하는 것이다. 소속사 작사가들끼리 팀을 이루어 가사를 쓰거나 일시적으로 협업하는 것은 가능하다. 하지만 소속 작사가가 아닌 외부인과 함께 쓰는 것은 곡에 관련된 아티스트를 제외하고는 보통의 경우 불가능하다. 공동 작업을 하는 방식은 정하기 나름이다. 한 사람이 1절을 쓰고 다른 사람이 2절을 쓴다든지, 한 사람이 초고를 쓰고 다른 사람이 수정을 한다든지 경우에 따라 다양한 작업 방식이 있다.

신뢰할 만한 동료들과 함께 공동 작업을 해 보길 권한다. 같은 데모와 디렉션이 주어져도 작업자에 따라 결과물은 다르게 나오기 때문에 다른 사람은 어떤 방식으로 이 주제에 접근해 가사를 풀어내는지, 캐릭터와 상황 설정은 어떤 방식으로 하는지 관찰하는 과정에서 본인의 시야를 좀 더 확장시킬 수 있다. 또한 본인이 작업해 놓은 초고를 공동 작업자가 성공적으로 수정해 작품의 퀄리티가 업그레이드됐을 때 느끼는 신선한 충격을 느껴 보는 것도 도움이 된다.

종종 다른 소속사의 작사가들끼리 공동으로 발매되는 곡도 있는데 이런 경우는 같이 작업했다기보다는 제출된 다수의 작품 중에서 아티스트의 기획사 측에서 원하는 부분만 차용해 섞었기 때문이다. 심지어 한 줄만 섞이는 경우도 있다. 한 줄이든 두 줄이든, 공동이든 단독이든 뭐라도 내 이름 달고 나오면 무조건 좋은 거다.

3. 직업병(지극히 개인적인 의견이다.)

① 어디를 가든 노트북과 휴대전화, 이어폰을 챙기는 편이다. 언제 어떤 곡을 의뢰받을지, 수정 의뢰를 받을지 알 수가 없기 때문이다. 기한이 길지 않으므로 여행 중에 작업하는 경우도 꽤 많다. 욕심나는 곡이 들어오면 어차피 여행에 집중이 안 되기 때문에 그냥 가사를 완성하고 노는 편이 훨씬 마음이 편하다. 실제로 구구단의 〈Rainbow〉는 여행 중 모 호텔 수영장 베드에서 가사를 썼다.

② 평소에 이어폰이나 헤드폰을 많이 사용할 수밖에 없어서 작업하거나 모니터를 볼 때 빼고는 귀를 충분히 쉬게 해 주거나 최대한 귀를 안 쓰려고 노력하는 편이다.

③ 작업할 때를 제외하고 누가 옆에서 노래 부르거나 허밍하는 것도 듣기 싫다. 소리나 소음에 민감해진다. 노래방은 당연히 가지 않는다.

④ 휴대전화가 가까이 있어야 안심이 된다. 메모장을 수시로 사용하기 때문이다. 드라마를 볼 때, 책이나 잡지를 볼 때, 심지어 동네 예쁜 간판까지 좋은 단어나 글귀가 보이거나 들리면 무조건 휴대전화 메모장에 적어 놔야 안심이 된다. 바로 안 하면 금방 잊어버리기 때문에 즉시 적어 둔다.

⑤ 스치는 모든 단어들이 귀와 눈에 걸려서 드라마, 책, 노래 등을 비교적 제대로 즐기지 못하는 듯한 기분이 들 때가 있다. 그래서 좋아하는 드라마나 책은 꼭 두 번 이상 다시 본다. 몸은 놀고 있는

데 뇌는 무의식적으로 단어를 채집하며 작업하는 느낌이랄까.

⑥ 도전했는데 채택되지 않은 곡이 발매되면 하루 정도 약간 속이 쓰리다. 처음에는 많이 괴로웠는데 백 번이 넘어가면서 점점 그러려니 하게 됐다. 내가 쓴 가사보다 더 좋은 가사가 채택되면 노래 안 망쳐서 다행이다 싶을 때도 있다. 하지만 별로인 가사가 채택되면 두 배로 기분이 좋지 않다. 그래도 실패한 이유를 분석해야 발전하므로 툴툴 털고 무조건 들어야 한다. 다른 곡들보다 몇 배 더 열심히 모니터해야 한다.

⑦ 노래를 듣고 가사를 보면 나도 모르게 구조를 나누고 펀치라인을 찾고 있다.

⑧ 하루의 기분이 내가 쓴 가사의 퀄리티에 따라 좌우된다. 가사 채택은 사실 내가 어찌할 수 있는 영역이 아니지만 채택 여부와 상관없이 내 가사가 스스로 마음에 들지 않으면 마음에 드는 가사가 써질 때까지 기분이 저기압이다. 다시는 가사를 쓸 수 없을 것만 같은 불안한 생각에 휩싸이기도 한다. 항상 내가 쓴 가사의 퀄리티와 나란 사람의 퀄리티를 동일시하지 않으려 마인드 컨트롤해야 우울감에 빠지지 않는다. 하지만 쉽지 않다.

여전히 나는
가사와 썸타는 사이

가사는 아직도 자신의 곁을 온전히 내어 준 적이 없다. 겨우 가까워진 것 같다가도 훅 멀어져 버리기도 하고, 좀 알 것 같다가도 하나도 모를 것 같은 그런 존재다. 누가 가사와 친하냐고, 잘 아는 사이냐고 물어보면 그렇다고 답해도 될지 늘 고민하게 되고, 대답도 매 순간 달라진다. 알고 지낸 지는 꽤 됐지만 다가가기 쉽지 않고 여전히 조심스럽다. 완벽히 즐기면서 가볍고 편안한 마음으로 써 본 적은 없는 것 같다. 온전히 내 것으로 만들지 못했기 때문에 보면 설레지만 사라질까 봐 불안해진다. 하지만 썸이라도 탈 수 있어서 다행이라고 생각한다. 행인 1, 2로 스쳐 지나갈 수도 있었지만 이렇게라도 곁에 남을 수 있어서 고마운 마음이 더 크다. 이 짜릿한 썸이 오랫동안 끝나지 않길 바라며 언젠가 작사와 오늘부터 1일이라고 자신 있게 말할 수 있는 사람이 되고 싶다.

기발한 상상력, 참신한 표현, 늘 새로운 문체를 고민하고 유려하게 써 내려가는 안영주 작사가! 제가 존경하고 함께 작업할 수 있음에 감사한 작가입니다. 이 책이 작사가를 꿈꾸는 많은 지망생들에게 큰 도움이 되길 바랍니다.^^

JQ (MUMW 대표, EXO <Tempo> <Ko Ko Bop>, 레드벨벳 <Bad Boy> 작사)

'작사가 안영주'의 탁월한 따스함을 사랑한다. 노랫말로 피워 내는 다정한 위로를 동경한다. 그 영향력은 실로 어마어마해서 세상 어떤 슬픔도 그녀라는 필터를 만나면 안온해질 수 있을 것 같은 생각까지 든다. 그런 그녀가 또 누굴 이롭게 하려는 걸까. 작사가를 막연히 꿈 꾼다 말하는 이들에게 이 책이 '용기 부여'가 되길 바란다.

김진 (태민(TAEMIN) <Heart Stop(Feat. SEULGI of 레드벨벳)>, NCT 127 <Running 2 U> 작사)

매력적이지만 지치기 또한 쉬운 작사라는 좁고 구불구불한 길 위에서 그녀의 걸음은 늘 일정하다. 그녀의 발걸음을 전부 보여 주고 있는 이 책이 작사를 시작하는 누군가에게 치트키가 되어 주길 바란다. 익어 가는 실력과 늘 처음 시작하는 것 같은 설렘으로 중무장한 그녀의 다음 가사가 기대된다.

Yoda (소유, 유승우 <잠은 다 잤나봐요(구르미 그린 달빛 OST)>, 슈퍼주니어 <I do(두 번째 고백)> 작사)

36.5℃, 언어에도 온도가 담겨 있다면 안영주 작사가의 말들은 체온과 닮아 있다.
다방면으로 성숙하지 못했던 어린 날의 나는 그녀를 만나, 건네는 모든 말들을 품에 주워 담으며 순간마다 온기를 채워 갔다.
앞으로 노랫말로써 뜨겁게 끓어오르기도, 차갑게 식기도 할 그녀의 모든 온도들이 기다려진다.

이맑은슬 (NCT 127 <Another World>, SF9 <4 Step> 작사)

대뜸 연락을 하면 무슨 일 있냐고 먼저 물어봐 준다. 그리고 마음이 복작거릴 때면 문득 생각난다. 안영주 작사가는 나의 일상에서 대뜸과 문득을 맡고 있다. 그곳에는 편하지만 단단해서 시간과 거리에 상관없이 늘 찾게 되는 마음이 있다. 지난날의 '조금만 더'가 지금이 된 것처럼 서로의 '조금만 더'를 계속 지켜보며 일상을 기억하고 싶다.

김보은 (레드벨벳 <Milkshake>, 드림캐쳐 <Chase Me> 작사)

작사와 썸타기! 그니까 작사가 뭐냐면

개정판 1쇄 발행 2024년 8월 10일

지은이 안영주
발행인 조상현
마케팅 조정빈
편집인 정지현
디자인 Design IF
펴낸곳 더디퍼런스

등록번호 제2018-000177호
주소 경기도 고양시 덕양구 큰골길 33-170 (오금동)
문의 02-712-7927
팩스 02-6974-1237
이메일 thedibooks@naver.com
홈페이지 www.thedifference.co.kr

ISBN 979-11-6125-491-3 13670

KOMCA 승인필